国家级实验示范中心配套教材

普通生物学实验

陈炳华　主编

科学出版社

北　京

内 容 简 介

本书是在多年教学实践的基础上编写而成，包括基本实验技术及原理、基础性实验、综合性实验和附录4个部分，其中基础性实验20个，综合性实验8个。具体内容涵盖显微镜操作及制片技术、动植物解剖和组织学、细胞学基础实验技术、动植物标本的采集和制作、生理生化和分子生物学基本实验技术、生态学基础等方面。内容新颖，涉及面广。

本书可作为高等院校生物技术、生物工程等专业本科生的教材，也可供相关专业的教师和学生参考。

图书在版编目(CIP)数据

普通生物学实验/陈炳华主编. —北京：科学出版社，2012.7
国家级实验示范中心配套教材
ISBN 978-7-03-034631-5

I. ①普… II. ①陈… III. ①普通生物学–实验–高等学校–教材 IV. ①Q01-33

中国版本图书馆CIP数据核字(2012)第117593号

责任编辑：朱 灵 / 责任校对：谭宏宇
责任印制：黄晓鸣 / 封面设计：殷 靓

科学出版社 出版
北京东黄城根北街16号
邮政编码：100717
http://www.sciencep.com

广东虎彩云印刷有限公司印刷
科学出版社编务公司排版制作
科学出版社发行 各地新华书店经销

*

2012年7月第 一 版　开本：B5 (720×1000)
2025年8月第二十七次印刷　印张：10 1/4
字数：188 000

定价：30.00元

(如有印装质量问题，我社负责调换)

《普通生物学实验》编辑委员会

主　编　陈炳华

副主编　李守淳

编　委　(按姓氏笔画排序)

　　　　王　伟　龙婉婉　李守淳　张怀宇

　　　　张艳杰　陈炳华　林　琼　林雄平

　　　　高媛媛　曹玲珍　蔡建秀

前　言

《普通生物学实验》课程与《陈阅增普通生物学》（第3版）课程同时进行，希望通过实验，学生的操作能力得到增强，对生物基本结构的整体了解有所加深，更重要的是为学习生命科学中其他相关课程，如细胞生物学、遗传学、生物化学、分子生物学等做好基础准备，提高学生的学习兴趣。因此，本书以普通生物学实验中的基本操作、基本技能和理论为基础，以培养学生的创新意识和实践能力为目标，精选、重组验证性实验，增设综合性实验，总体安排上突出动植物的基础性实验，并适当与后续课程的实验内容相对错开，避免重复。习近平总书记强调，教材建设是育人育才的重要依托。本教材以习近平新时代中国特色社会主义思想和党的二十大精神为指导，拟建立一个既与理论课有一定互补性，又具有相对独立性的实验体系，力求在培养学生动手能力的同时，也培养学生的独立思考和综合分析能力。

本书分为4个部分。第1部分是基本实验技术及原理；第2部分是基础性实验；第3部分是综合性实验；第4部分是附录。其中每个实验都有相关的实验原理介绍，并强调实验材料易得、方法易行、实验结果明显。实验后有作业及思考题，旨在启发学生思维，开阔思路。

本书可作为生物工程、生物技术专业的基础实验教材。编者力求使之具备实用性、可操作性，以满足普通生物学实验的教学需要。但是，由于水平有限，不足和不当之处，恳请各位同仁和学生批评指正。

编　者
2023 年 6 月修订

目　　录

前言

第1部分　基本实验技术及原理

第一章　显微镜的构造和使用方法 ································· 1
第二章　生物组织制片技术 ····································· 7
第三章　实验报告的撰写 ······································ 13

第2部分　基础性实验

实验1　细胞(含血细胞)显微结构的观察 ···························· 15
实验2　生物组织的基本类型及其特点观察 ·························· 20
实验3　细胞质运动及组织渗透势的测定(质壁分离法) ···················· 28
实验4　花色素的提取及纸上色谱分离 ····························· 30
实验5　蒽酮法测定植物组织中可溶性糖的含量 ······················· 33
实验6　蒜根尖有丝分裂染色体标本制备及观察 ······················· 35
实验7　果蝇唾腺染色体标本的制备与观察 ·························· 38
实验8　人类体细胞染色体标本制备与核型分析 ······················· 41
实验9　草履虫的形态结构与活动 ································ 44
实验10　水螅的观察和螯虾的解剖观察 ···························· 47
实验11　鱼类的外形观察和内部解剖 ······························ 53
实验12　牛蛙的解剖观察 ····································· 59
实验13　脊髓反射和反射弧的分析 ································ 67
实验14　人体动脉血压的测定 ··································· 70
实验15　ABO血型的鉴定 ···································· 73
实验16　昆虫展翅标本和叶脉标本的制作 ··························· 75
实验17　被子植物的花解剖观察 ································· 80
实验18　校园及其周边地区植物和鸟类多样性的调查 ···················· 86
实验19　植物基因组DNA和质粒DNA的提取及其电泳检测 ··············· 91
实验20　基因的PCR扩增 ····································· 97

第3部分　综合性实验

实验21　水体浮游生物的调查及其与水质的关系 ······················ 100

实验 22　草履虫的培养和在有限环境中的种群增长 ································· 105
实验 23　光照、温度对种子萌发的影响 ··· 108
实验 24　实验室环境和人体表面微生物的检查 ···································· 110
实验 25　生境与植物叶片形态结构、气孔分布的关系 ··························· 114
实验 26　植物总黄酮的提取分离及其含量测定 ···································· 117
实验 27　植物群落的特征调查及分析 ·· 122
实验 28　生物微核对环境污染的指示 ·· 125
参考文献 ··· 128

第 4 部分　附　　录

附录一　南方常见栽培的校园种子植物名录 ·· 130
附录二　校园及周边区域常见的鸟类名录 ··· 136
附录三　生物绘图 ·· 139
附录四　生物实验材料的采集、培养和保存方法 ·································· 142
附录五　生物标本的制作 ·· 149

第 1 部分　基本实验技术及原理

第一章　显微镜的构造和使用方法

一、显微镜的构造与使用

显微镜是观察研究细胞结构、组织特征和器官结构的重要工具。显微镜的种类很多，可分为光学显微镜和电子显微镜两大类。以可见光作为光源的光学显微镜又可分为单式与复式两大类。单式显微镜结构简单，常用的如扩大镜，由一个透镜组成，放大倍数在 10 倍以下。构造较复杂的单式显微镜为解剖显微镜，也称为实体显微镜，是由几个透镜组成的，其放大倍数在 200 倍以下。单式显微镜放大的物像是和实物方向一致的虚像。

复式显微镜的结构复杂，至少由两组以上的透镜组成，放大倍数较高，是最常用的显微镜。其有效放大倍数可达 1250 倍，最高分辨率为 0.2 μm。复式显微镜的种类虽然很多，结构繁简不同，但都包括光学系统和机械装置两大部分(图 0-1)。

1. 机械装置

机械装置包括以下几个部分。

(1) 镜座。显微镜的底座，用来支持整个镜体，使显微镜放置稳固。含内光源的显微镜，其电源变压器、调压器和光源均安装在镜座内。

(2) 镜臂。固定镜筒的结构，又是取放显微镜时手握的部位。镜臂有固定式和活动式两种。

(3) 载物台。方形或圆形，为载放标本的平台，中央有通光孔，以通过照明光线，照亮标本。载物台一般装有标本移动器，将标本固定后，能前、后、左、右移动，便于观察。移动器上有标尺，根据上面的刻度，可确定标本的位置或便于找到更换后的视野，还可用于测量标本的大小。

(4) 镜筒。为显微镜上部圆形中空的长筒，标准长度一般为 160 mm，与水平呈 35°~45°倾斜，上接插入目镜，下端连接物镜转换器。双筒中的一个或两个目镜接口处有屈光度调节装置(视度圈)，用于两眼视力不同时调节。

(5) 物镜转换器。接于镜筒下端的圆盘，可自由转动。盘上有 4 或 5 个螺旋圆孔，为安装物镜的部位。当旋转转换器时，物镜即可固定在使用的位置上，保证物镜与目镜的光线合轴。

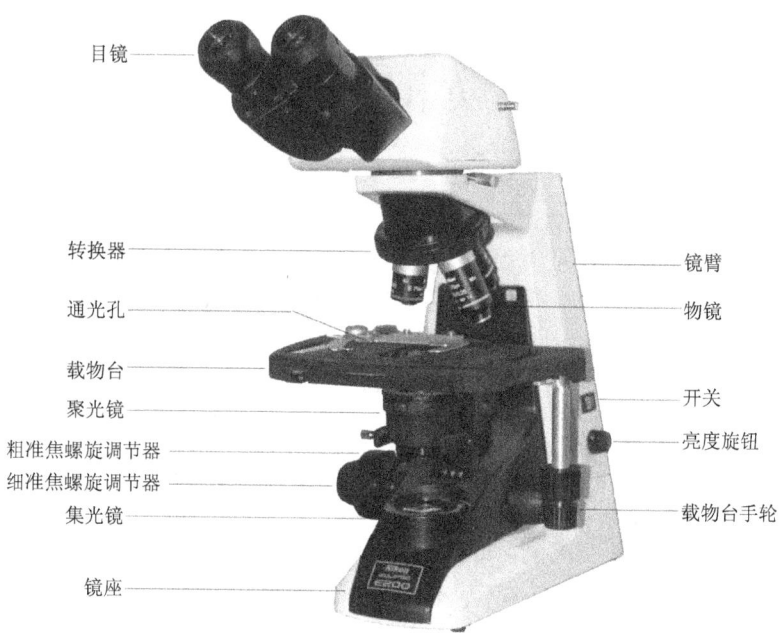

图 0-1　显微镜的构造

(6) 调焦装置。调焦装置是调节物镜和标本间距离的装置，有粗准焦螺旋调节器(简称为粗调)和细准焦螺旋调节器(简称为细调)之分，利用它们可使镜筒或载物台上下移动，以得到清晰的图像。较好的显微镜粗调和细调是共轴式的，在细调节器外侧还有刻度，用于测量被检物体的厚度。一般粗调节器是一对较大的旋钮，其旋转一周镜筒向上或向下移动约 2 mm；细调节旋钮是一对较小的旋钮，其旋转一周时镜筒可向上或向下移动约 0.1 mm。左手或右手均可独立转动此旋钮。

(7) 聚光器调节旋钮。在镜臂的一侧，旋转它，可使聚光器上下移动，以改变光线的入射角度，调节光的强度。

2. 光学系统

由成像系统和照明系统组成。成像系统包括物镜和目镜，照明系统包括聚光器(也称为聚光镜)。反光镜(利用自然光照明的显微镜配有)，在内光源的显微镜中装有光源和集光镜。

(1) 物镜。物镜是显微镜最重要的光学部件，也是决定显微镜质量和分辨能力的关键部件，安装于镜筒下端的物镜转换器上。短的是低倍物镜，长的是高倍物镜。物镜外壳上刻有几种重要的光学技术参数。

放大倍率，如 4×、10×、40×、100×等。放大倍率为 100 的是油镜，使用时物镜与盖玻片之间要加以香柏油(或甘油、液状石蜡)作为介质。数值孔径(NA)，是物镜性能高低的重要标志，与分辨率呈正相关。干燥系物镜的 NA 值小于 1；油浸系物镜的 NA 值大于 1。此外标记数 160，是指标准镜筒的长度；标记数 0.17，是指该物镜要求盖玻片的标准厚度(mm)，若大于或小于这个厚度，会带来覆盖差。

每个物镜由透镜组合而成，最前面的透镜称为前透镜，最后面的透镜称为后透镜，物镜前透镜与被检物体之间的距离为工作距离，每种物镜的工作距离不同(表 0-1)。当用某一倍率的物镜观察图像清晰后，再转换另一倍率的物镜时，其成像应基本清晰，即齐焦；且像的中心偏离应在一定允许的范围内，即合轴。齐焦性能的优劣和合轴程度的高低是显微镜质量的一个重要标志。

表 0-1 常用显微镜的放大倍数、数值孔径和工作距离

物镜放大倍数	数值孔径(NA)	工作距离/mm
0×	0.25	7.63
40×	0.65	0.53
100×	1.25	0.198

(2) 目镜。装于镜筒上端，由两块透镜组成，放大倍率为 10×、16×等。目镜内常装有一段头发，在视场中则为一黑线，称为指针 (一段 5 mm 左右的头发，用镊子夹住，一端沾上少许树胶，装入目镜制成)，可用以指示所要观察物体的部位。

物体最后被放大的倍数等于目镜放大倍数与物镜放大倍数的乘积，如目镜是 10×，物镜是 40×，则物体最后放大的倍数是 10×40=400。

(3) 聚光器。装于载物台下方的升降架上，由一组凸透镜组成。聚光器的作用是汇聚光线照明标本。聚光器的下面装有一光圈，并有一控制光圈开闭的手柄。由于光圈开闭的方式很像眼睛的虹彩，故有的书上称其为彩虹光圈，此光圈也称为孔径光圈或孔径光阑。聚光器可以上下调节，用高倍镜时，视野范围小，则需上升聚光器；用低倍镜时，视野范围大，可下降聚光器。

(4) 反光镜。利用自然光照明的显微镜都装有反光镜。反光镜的镜架允许反光镜在任意方向旋转，因此可以在不移动显微镜的情况下将反光镜对准从前、左、右任意角度射来的光线。反光镜常有两个面，一个是平面镜，一个是凸面镜，安装在弧弓上，可自由翻转，以使光线射向聚光器。光线强时用平面镜，光线微弱时用凹面镜。

(5) 内光源照明系统。较高档的显微镜及研究用显微镜都使用内光源照明。在镜座下装有变压器、灯泡，通过变压器将市电转变为低电压，并且通过调节灯泡的工作电压改变照明的亮度。灯泡发出的光线通过一定的光路，透过一个可以汇集光线的凸透镜——集光镜后，射向聚光器。

二、显微镜的成像原理

显微镜的物镜和目镜各由若干透镜组成，但可以看成一个凸透镜。根据凸透镜成像原理，光线自聚光器向上透过实验标本(标本应是透明的)进入物镜，然后在目镜的焦点平面(光阑部位)形成一个经第一次放大的倒置实像。此像经过目镜的进一步放大到达眼球视网膜。这样，我们最后看到的物像，是经两次放大的、方向相反的倒置的虚像。自眼球到放大虚像间的距离称为明视距离，其长度为250 mm，这是明视野普通光学显微镜中物像的最适距离。

显微镜的性能由以下几个参数表示：

(1) 放大倍数。物体任意两点之间的距离在成像后相应地被放大的倍率。由于显微镜的物镜放大的物像再次被目镜放大，因此显微镜的放大倍数是目镜的放大倍数与物镜的放大倍数的乘积。

(2) 分辨率。显微镜分辨被检物体细微结构的能力，即分辨物体两点之间的最短距离的本领。分辨率取决于镜头的数值孔径、照明光的波长和光线通过介质的折光率。数值孔径大者分辨率高。

三、光学显微镜的使用步骤和方法

1. 显微镜的基本使用方法

(1) 取镜与放置。取镜时右手握住镜臂，左手平托镜座，保持镜体直立，禁止单手提镜。小心轻放在桌上，一般放在座位左侧，距桌边 5~10cm 为好，以便于观察和绘图记录及防止掉落。

(2) 对光。用内光源显微镜时，因有镜内光源，只需接通电源，打开开关，即可通过调节灯泡亮度调节光的强度。若用自然光源显微镜时，则利用反光镜采外光源。一般用由窗口进入室内的散射光或用日光灯作光源。对光时，先把低倍镜转到正对通光孔的位置，然后从目镜向下看，同时，转动反光镜，使光线反射入视野，然后利用聚光器调节光的强度，使视野中的光线既均匀、明亮又不刺眼。

(3) 放置标本。把玻片标本放在载物台上，用移动尺夹好，将玻片中有标本的地方移到通光孔的中央，先用低倍镜观察。因为低倍镜视野大，易于发现和确定观察目标。找到观察的目标后，若需要再放大，换用高倍镜观察。

(4) 调整焦点。眼睛不要看目镜，要从侧面注视低倍镜与标本。慢慢转动粗调旋钮，使物镜与玻片标本接近。待目测低倍物镜与标本盖玻片之间的距离比低倍物镜的工作距离(7.63 mm)小一些时，即可注视目镜，并向相反的方向调节粗调旋钮，使物镜与标本的距离增大，慢慢会看到视野中物像的出现。如果一次调节没看到物像，应重复操作，直到看到物像。注意这一操作如果违章有可能会损坏仪器或标本。

(5) 使用低倍镜观察。根据标本材料的厚薄、颜色等移动玻片，将所要观察的最理想的部分移到视野中央进行观察。用微调旋钮调清楚物像，直到物像最清晰为止。

(6) 使用高倍镜观察。在观察较小的物体或细微结构时可使用高倍镜。首先，将要进一步观察的目标移到视野正中央，然后转动物镜转换器将高倍镜换入，略微调节微调使物像清晰即可。若物镜转换时压到玻片，应先将镜筒提起一些，再重新将高倍镜头换入，然后从侧面注视，将物镜慢慢降下，直到镜头几乎与玻片接触为止，然后一边通过目镜观察，一边转动粗调旋钮，使镜筒慢慢上升，拉大物镜与标本之间的距离，直到看见物像，然后用微调调节至物像清晰。不可反向操作！使用高倍镜前一定要先用低倍镜进行观察，不可直接用高倍镜。

(7) 使用油镜观察。在观察线粒体、细菌等细小的结构时需要使用 100 倍的物镜。100 倍的物镜需要在油的介质中工作，故称为油镜或油浸物镜。油镜需要物镜与标本之间充上一种折光率与玻璃一样高的介质，通常使用香柏油，才能使物像清晰。使用时，按先低倍镜，后高倍镜，再用油镜的顺序。用油镜前要将观察对象移到视野的中央，移开高倍物镜，将香柏油滴在标本的盖玻片上，直接换入油镜，使镜头浸在油中。转动微调旋钮，调整焦点，使像清晰。观察后，用"显微镜的保养"中介绍的方法及时去除镜头上的香柏油。一定要及时清除油镜上的油，否则，会严重影响镜头的寿命。

(8) 使用后的整理。显微镜用后，应先转动物镜转换器，使物镜头不与通光孔相对，呈"八"字形位置，再下降至最低，降下聚光器，再取下玻片标本，关闭光源。

2. 测微尺及其使用

测微尺是测量细胞和细胞器的大小时需要使用的附件，它包括目镜测微尺和镜台测微尺，使用时须两者互相配合。

(1) 镜台测微尺。镜台测微尺是一特殊的载玻片，中央有标尺，长 1 mm，分为 100 小格，每小格等于 10 μm。

(2) 目镜测微尺。是一圆形的玻璃片，装在目镜中使用。其上刻有刻度，常分为 5 大格，每大格分 10 小格，在显微镜中所表示的长度随显微镜放大倍数不同而不同。因此需要用镜台测微尺确定目镜测微尺每格的实际长度。

一般情况下，当目镜为 10×时，若物镜为 4×，目镜测微尺每小格的长度为 24 μm；若物镜为 10×，目镜测微尺每小格的长度为 10 μm；若物镜为 40×，目镜测微尺每小格的长度为 2.5 μm；若物镜为 100×，目镜测微尺每小格的长度为 1 μm。

(3) 测定方法。是将目镜测微尺放入目镜中，镜台测微尺置于载物台上，使镜台测微尺的刻度区域位于视野中央。调焦后在视场中可同时看清两个台尺的刻度。先找到两者刻度完全重叠的 0 或 10、20 的点，再向右找出两尺刻度再次重叠的点，记下两尺重叠的格数(图 0-2)。例如，目镜测微尺的第 5 小格与镜台测微尺上的第 8 小格重叠，就可得出目镜测微尺上 5 小格$=8×10=80$ μm；而目镜测微尺的每小格则为 $80/5=16$ μm。若改变倍率应重新再测。当目镜测微尺的每小格的长度标定好后，即可移去镜台测微尺，装上要观察的显微制片，测出所要观察部位所占的小格数，再乘以每小格所代表的长度，即可求出所要观察部位的实际大小。

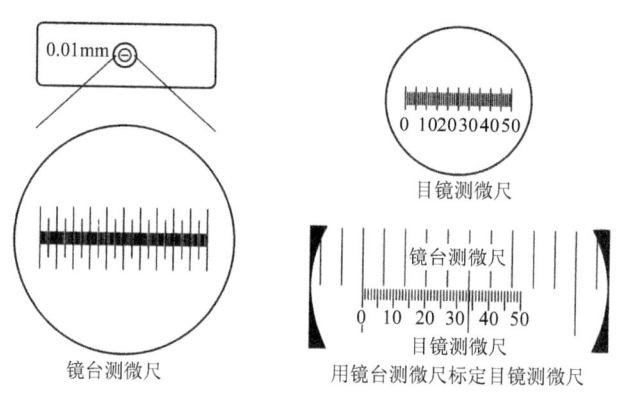

图 0-2　测微尺的标定(汪小凡和杨继，2006[d1])

四、显微镜的保养

(1) 拿取显微镜时应一手握牢镜臂，一手托住镜座，务必使之平稳。切忌一手掂着镜臂拿取显微镜。

(2) 转换物镜时，要用手捏住物镜转换器转换，切忌用手直接拨转物镜，以免破坏物镜与目镜的光线合轴。

(3) 观察临时装片时，一定要加盖玻片并且要擦干盖玻片以外和载玻片下面的水。

(4) 显微镜的各部件应保持清洁。机械部分可用软布擦净；物镜、目镜、聚光器和反光镜等光学部分只能用专用的擦镜纸擦拭，而不能用布或其他纸擦拭，以免产生划痕。

(5) 若发现粗准焦螺旋旋钮太松或太紧时，用手握紧一只旋钮，转动另一旋钮调节，可使调焦机构松紧适宜。

(6) 收显微镜时应降下镜筒，将显微镜擦净后再放回镜箱中，放回原处。

(7) 显微镜应放置在阴凉、干燥、无灰尘和无酸碱蒸气的地方。

第二章　生物组织制片技术

随着显微镜出现和技术的发展，显微镜已成为人们认识生物体结构的重要工具，组织制片技术是随着生命科学的发展而不断进步的。利用组织切片染色的方法所制出的标本显示了各种组织细胞的不同结构和形态，它们之间的相互连接及它们之中的某些化学成分的种类和含量的变化，为细胞生物学的研究提供了最直观的依据。因此组织制片是研究生物学的一个最基本和最重要的手段。现简要介绍在普通生物学实验中最常用的几种制片技术。

一、临时装片法

临时装片法是用新鲜的少量的生物材料(如单个细胞、薄的表皮或切成的薄片等)，放在载玻片上的水滴中，再盖上盖玻片做成玻片标本的方法。这种方法制成的标本，可以保持材料的生活状态和天然的色彩，一般多作为临时观察使用或用某些化学试剂作组织化学反应。也可以根据需要选择适宜的染料染色，制成永久性玻片标本。该法也适用于原生动物、水螅、涡虫、绦虫节片、昆虫和昆虫外部器官以及多细胞动物早期胚胎等的标本制作。制作方法如下：

(1) 擦净载玻片和盖玻片，即将浸洗过的玻片用纱布擦干。

擦载玻片时，用左手的拇指和食指夹住载玻片的边缘，右手将纱布包住载玻片的上下两面，反复轻轻地擦拭。载玻片擦好后应注意切勿再触摸上、下表面，以免沾上指纹和油污。

擦盖玻片时，应十分小心。应先把纱布铺在右手掌上，用左手拇指和食指夹住盖玻片的边缘，将其放在纱布上，然后用右手拇指和食指从上下两面隔着纱布轻轻夹住盖片，注意使用力量要均匀，慢慢地轻擦，这样才不至于把盖片擦碎。

(2) 用玻璃滴管吸水，滴一滴在载玻片的中央。用滴管或毛笔挑选小而薄的材料，放置于载玻片上的水滴中。

(3) 加盖玻片。一手持镊子，轻轻夹住盖玻片，使盖玻片边缘与材料左边水滴的边缘接触，然后慢慢向下落，放平盖玻片。这样可使盖玻片下的空气逐渐被水挤掉，以免产生气泡。如果盖玻片下的水分过多，则材料和盖玻片容易浮动，影响观察，可用吸水纸条从盖玻片的侧面吸去一部分。如果水未充满盖玻片时，容易产生气泡，可从盖玻片的一侧再滴入一滴清水，将气泡驱走，即可进行观察，具体见图0-3。

(4) 如果这种临时装片尚需保存一段时间，则可用10%~30%的甘油水溶液代替清水封片。并将用甘油封好的装片平放于大培养皿中(培养皿底部先垫湿滤纸)保存。这样，一方面可以防尘，另一方面亦可防止水分蒸发。封片以后，当其中的水分丢失一部分后，可在盖玻片的一侧，用滴管补加20%或30%的甘油溶液，如此反复进行，使材料完全浸于甘油中。这种临时装片可以维持30 d以上，做示范教学或科研分析用均可。

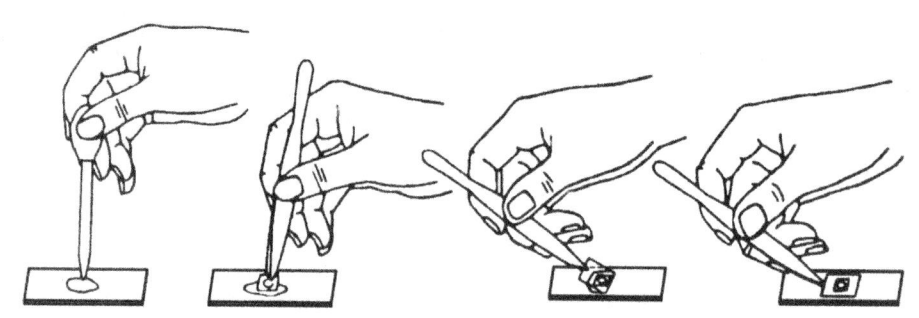

图0-3　临时装片方法(汪小凡和杨继，2006)

二、徒手切片法

徒手切片法在植物组织观察中常用到，是指手持刀片(剃刀或双面保险刀片)把植物新鲜或预先固定好的材料切成薄片，所作的切片通常不经染色或经简单染色后，制成临时的水装片用于观察，亦可以通过脱水与染色制成永久制片。徒手切片的优点是简单方便、制片迅速，不需要复杂的设备，不经过化学药物的处理，基本上保留了植物活体的状态。缺点是不易切薄和切全，薄片厚薄不均，而且不能做成连续的切片。

1. 材料的选择

一般应选取发育正常、有代表性、软硬适度和便于手指夹持的材料。软而薄的材料(如叶片)，可用硬泡沫塑料(包装用的聚苯乙烯)或马铃薯块茎等夹住材料再一起进行切片。有些叶片亦可卷成筒状再切。

欲切材料，应将材料先截成适当的块段，切片断面的面积一般以3~5 mm^{2}为宜，材料的长度为2~3 cm，便于手持并进行切片。

2. 徒手切片的方法和步骤

(1) 切片前，在小培养皿中盛以清水，准备好毛笔、滴管和刀片等用具和欲切的材料。

(2) 切片时用左手的三个指头拿住材料，并使其稍突出于手指之上，以免刀口损伤手指。右手持剃刀或双面刀片，平放在左手的食指之上，刀口向内，且与材料断面平行，然后以均匀的动作，自左前方向右后方滑行切片(图 0-4)，注意要用整个手臂向后拉(手腕不必用力)。切片时动作要敏捷，材料要一次切下(注意整个切片过程中应用清水湿润材料和刀面，使之湿润，否则材料容易破损)，如此连续动作，切下许多薄片后，就用湿毛笔将这些薄片轻轻移入已盛水的培养皿中备用。

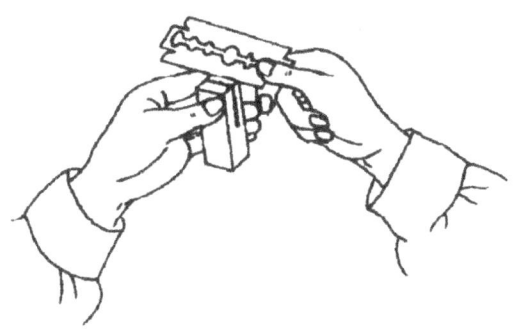

图 0-4　徒手切片方法(汪小凡和杨继，2006)

(3) 用毛笔挑选最薄而且透明的切片，取出放在载玻片上，制成临时装片观察。

(4) 简单染色：根据需要和观察目的的不同，可选择使用以下几种染色剂进行染色。

1) 0.1%番红水液。用于细胞核和木质化、栓质化的细胞壁的染色，以区分细胞的核与质，木质部(主要是导管)与韧皮部。

2) 钌红(1:10 000)水溶液。用于细胞间的胞间层的染色，显示厚角组织的特点。

3) 0.25%硫堇水溶液。用于细胞核和核仁的染色，区分含木质素和纤维素的细胞壁，但要用微碱性自来水或 1% $NaHCO_3$ 水溶液封片，可使徒手切片的各种植物组织产生从粉红至蓝紫色的多色反应，有利于观察和镜检。

三、组织离析法

离析法的原理是用一些化学药品配成离析液，使细胞的胞间层溶解，因而细胞彼此分离，获得分散的、单个的完整细胞，以便观察不同组织的细胞形态和特征。

离析液的种类很多，最常用的有铬酸-硝酸离析液，它是以 10%的铬酸液和 10%的硝酸液等量混合而成。适用于木质化的组织，如导管、管胞、纤维、石细胞等，亦可用于草质的根、茎等成熟器官的解离，如瓜茎。具体步骤如下所述。

(1) 将植物材料先切成小块或小条(火柴棍粗细、长约 1 cm)，放入平底管或小玻璃瓶中，加入上述离析液，离析液的用量为材料的 5~10 倍，盖紧瓶塞，置于室温的条件下进行反应；若为草质根、茎的小段，3~4 h 或更长的时间，即可解离成功；若为木质的老根、枝条、木材和果壳等，则需置于 40℃左右的恒温箱中，经过 1~2 d 之久，才能解离成功。具体的浸渍时间，常因材料本身的质地、材料块的大小、环境的温度条件不同而有很大的差异。如果 2 d 以后，组织仍未分离，可更换新的离析液继续浸解，直至材料浸解适度为止。

(2) 检查材料是否离析：可用滴管等工具取出少许材料，放在载玻片上的水滴中，加盖玻片，用滴管的橡皮头轻轻敲压。若材料分离，表明浸渍时间已够；如果浸渍时间不够，仍然可以延长解离时间。有时亦可用玻璃棒在平底管壁内压挤材料，如果解离适度，可以感觉到材料已酥软。

(3) 洗酸保存：倾去离析液，用清水浸洗已离析好的材料。将平底管静置，待材料下沉后，再弃去上清液，如此反复多次，直至没有任何黄色为止。如果有手摇离心机，可将材料转入离心管，用离心机缓慢离心洗酸，倾去上清液，再加清水洗酸，如此反复数次，可比自然静置迅速。最后再转移到体积分数为 70%的乙醇液中保存备用。

当需要时，可取出少量材料，按临时装片法制成玻片标本，进行观察与研究。

四、压 片 法

压片法是将植物的幼嫩器官如根尖、茎尖和幼叶等压碎在载玻片上的一种非切片制片法。这种方法比较简便，经染色后可作临时的观察标本，也可以经过脱水、透明等步骤制成永久的玻片标本。近年来在观察植物细胞的有丝分裂、植物细胞遗传学等方面的研究中应用极为普遍，特别是在染色体数目的检查方面，此法尤为重要。

压片法的基本步骤是：①取材；②前处理；③水解离析；④固定；⑤染色；⑥压挤制片。因实验时间限制，可将③、④两步合并，⑤、⑥合并，并免去前处理(暂不要求做染色体计数)。以下为最简单的方法制作植物根尖细胞有丝分裂的压片，可取洋葱和大蒜的鳞茎为实验材料。

1. 幼根的培养

将洋葱鳞茎置于广口瓶上，或将 3~5 个蒜瓣用竹签穿好，架在烧杯口上，杯中盛满清水，使洋葱头和蒜瓣的下部浸入水中，置温暖处，并注意每天换水，过

3~5 d 后,即可长出嫩根。

2. 材料的固定和离析

先用等量的浓盐酸和95%的乙醇配成混合液,此液既能迅速杀死细胞并保持其细胞结构接近生活状态,又能溶解细胞间的胞间层,在压片时使细胞易于分散,故称其为固定离析液。

当上述嫩根长到 2~5 cm 时,即可进行固定和离析细胞的处理。具体方法是在上午 10~11 时,将根端的 3 mm 左右剪下,立即投入上述固定离析液中,经 10~20 min(最长不超过 30 min),取出放入清水中漂洗 10~20 min 后即可制片。也可经过 30%、50%的乙醇后将其保存在 70%的乙醇中备用。

3. 压片的制作

取经过固定离析的根尖一个,放在干净的载玻片上,用镊子将根尖压裂,滴上 2 滴醋酸洋红或地衣红染色,放置几分钟后再盖上盖玻片,用铅笔后的橡皮头,对准盖玻片下的材料在盖玻片上轻轻敲击,使材料压成均匀的、单层细胞的薄层。用吸水纸条吸去溢出的药液,即可在显微镜下检查,此时可以看到许多离散的细胞。如果此时细胞核的染色质和染色体的颜色还不是暗红色,可取下压片标本,手持载玻片在酒精灯上微微加热,其温度以不灼手为度,有增进染色和使细胞伸展的效果。必要时可反复烘烤多次。若染液被烘干,可再补加一滴,直至细胞核或染色体着色清晰为止。如果染色较深,可加一滴45%的乙酸进行分色,即褪去细胞质的颜色,使核质分化清晰。

这种压片法,还可用下述涂片法中介绍的改良苯酚品红液染色,操作方法比醋酸洋红(或地衣红)简单,染色效果更好。

此外,还可用医用的紫药水滴染,且更为经济简便:先按 1∶5 的比例将医用紫药水稀释(1 滴紫药水加 5 滴水),滴染 1 min 后,再加 1 滴 20%的乙酸进行分色,盖上盖玻片,制成压片,也可获得染色(蓝紫色)清晰的染色体。

上述压片也可用小麦、水稻的颖果和蚕豆等种子萌发出根后制片。但要注意不同植物根尖细胞有丝分裂活动的高峰是不同的,所以取材固定的时间亦不一样;如小麦在上午 11 时至下午 1 时,水稻在下午 4 时左右,玉米和蚕豆在上午 8~10 时和下午 3~5 时为好。至于洋葱和大蒜分裂的高峰时期基本上差不多,若下午进行实验,可于下午 3~4 时固定,也可获得分裂相较多的根尖细胞有丝分裂压片标本。如果是事先固定材料,上课时分发给学生使用,则可于午夜 12 点时取材,分裂相更多。

五、涂 片 法

涂片法与压片法类似,但材料不必水解离析,适用于花粉和花粉母细胞等疏松组织，可以均匀地涂布在载玻片上，是另外一种重要的不用刀切片制片法，现已广泛应用于花粉粒的发育、染色体数目的检查和染色体的教学与科研中。下面以花粉涂片的制作为例介绍涂片法的几个主要步骤。

1. 取材与固定

由于新鲜的花药不是任何时候都可以采到，所以必须预先采集花药，经过药液的固定，把它们储存起来，做实验时就不会受到季节的限制。若需要制作花粉母细胞减数分裂全过程的玻片标本，就必须采集幼嫩的呈绿色的花药较为适宜(浅绿色而透明者太嫩，黄绿色或黄色者则已开裂)。由于不同植物的花期不同，具体的采集时间是不一样的。我们可根据当地的气候条件，掌握植物开花的时间规律进行采集。观察减数分裂的具体的取材时间，因其亦有昼夜的节律性，一般于清晨 6~7 时和下午 4~5 时取材，均可以完成实验任务。

一般小型花朵采集后，可将幼嫩小花甚至整个花序固定于卡诺固定液中(配方见实验 6)，大型花朵可以只固定雄蕊的花药，经过 2~24 h 后，逐级换入体积分数 95%的乙醇和体积分数 85%的乙醇浸洗，再转入体积分数 70%的乙醇中保存。注意必须洗净固定液中的乙酸，以免材料受腐蚀。若有条件，可将固定的材料保存在 4℃的冰箱中，能保存数年，随用随取，十分方便。

2. 染色与涂布

取已经固定好的材料转入体积分数为 50%的乙醇，经蒸馏水清洗后，取出一个花药置于清洁的载玻片上，加一小滴改良的苯酚品红染色液(具体配方见实验 6)，用刀片切去花药的一端，用小镊子夹着花药，将其切面放在载玻片上涂抹；或用刀片在花药中部横断为二，再用解剖针从花药的两端向中部断开处压挤，使花药母细胞散出，并涂布成一薄层(注意去掉花壁的残渣)，再滴一滴 45%的乙酸使之软化与分色；盖上盖玻片，用橡皮头轻压盖玻片，使花药母细胞均匀散开，即可观察。

如果需要，减数分裂的材料亦可进行脱水、透明等处理，制成永久性的玻片标本。

第三章 实验报告的撰写

不同类型的实验,实验报告的书写格式和书写要求不完全一样。
1. 基础性实验的实验报告格式及说明

专业_____年级_____姓名_____学号_____日期_____
实验名称_____

一、实验目的
二、实验内容(和实验方法)
三、实验结果(结果与分析)

基础性实验包括形态观察类和非形态观察类两大类实验,对于形态观察类实验的实验步骤要求简洁明了。实验结果的记录方法有两种类型:一是用文字来表述所观察到的实验现象;有时,为了清晰明确地表达实验结果,可用表格来表示(表0-2)。二是生物绘图来表示实验结果(附图1)。由于生物绘图费时、费力,如果实验结果全部用绘图来完成,往往要花费大量的时间,而实验的核心是实验观察过程,同学们不能把主要时间安排在绘图上,因此,教师往往会根据实验情况,安排学生绘适量的图或要求学生在实验课时,先绘草图,课后再细化、完善。

表0-2 蒜根尖有丝分裂染色体各期的结构

分裂时期	结构特征
间期	
前期	
中期	
后期	
末期	

对于非形态观察类实验,撰写实验报告过程中的"结果与分析",必须对实验数据进行分析处理,并加以文字描述或以图表表示。同时,根据所学的理论知识,对实验结果进行科学的分析和解释,并判断实验结果是否与理论相符。如果出现矛盾,应分析其中的原因。

2. 综合性实验的实验报告格式及说明

专业_____年级_____ 姓名_____学号_____ 日期_____

实验名称_____

一、实验目的

二、材料和仪器

三、方法和步骤

四、实验结果

五、分析和讨论

六、结论

七、心得体会

实验方法简洁、常规方法不需要详细写出，如果是自行设计的新方法，需要详细写出。

实验结果是实验报告的重要部分。不能把实验的原始数据简单地罗列在实验报告上，必须对实验数据进行适应的分析处理，加以适当的文字描述或以图表表示。

分析和讨论是根据所学的理论知识，对实验结果进行科学的分析和解释，并判断实验结果是否与理论相符。如果出现矛盾，应分析其中的原因。讨论是实验报告的核心部分，必须独立完成。

结论是从实验结果和讨论中归纳出来的有高度概括性的结语。结论的文字应重点突出，简明扼要。有些实验报告可以没有结论。

实验数据可用表格的形式列出，并进行计算或作图。

第 2 部分　基础性实验

实验 1　细胞(含血细胞)显微结构的观察

【目的与要求】

1. 掌握显微镜的使用及临时装片的制作和染色方法。
2. 掌握细胞的基本结构及其绘图技术，了解植物细胞与动物细胞结构的异同点。

【器材、试剂及材料】

显微镜，解剖工具(含镊子、解剖针和剪刀等)，盖玻片，载玻片，消毒牙签，染色液(1%结晶紫、碘-碘化钾或0.1%中性红)。

洋葱(*Allium cepa*)鳞叶，紫竹梅(*Setcreasea purpurea*)叶片，辣椒(*Capsicum annuum*)成熟果皮，番茄(*Lycopersicon esculentum*)成熟果实。

新鲜的鸡血或家兔血，血细胞计数板，专用盖玻片，吸管，手揿计数机，肝素抗凝血，复方尿素稀释液，血细胞稀释液Ⅰ、Ⅱ，毛笔、绸布、细布等。

【内容与操作】

1. 植物细胞的结构观察

(1) 洋葱鳞叶表皮的临时装片、染色及表皮细胞结构观察

1) 取一片干净的载玻片，滴上一滴清水，用镊子撕下一块洋葱鳞叶的内表皮，用剪刀剪取面积约为 3 mm×2 mm 的一小块，放在载玻片的水滴上，并把它摊平，滴上一滴质量浓度为 1%的结晶紫溶液，染色 1~2 min，然后用清水冲洗 3 次。

2) 在洗净的材料上再滴上一滴清水，重新将它摊平，用镊子夹住盖玻片的一端，另一端斜靠在载玻片上，用解剖针顶住，然后慢慢放下盖玻片，即成临时装片。

3) 将装片置于显微镜下，用低倍镜观察细胞结构(图 1-1)。可见洋葱表皮细胞略呈长方形，排列紧密。将在低倍镜下观察比较清楚的细胞移到视野的中央，转换高倍镜，调好焦距进行观察，在每个细胞内有一圆形或椭圆形，被中央大液泡挤向近细胞壁的细胞核，有的在细胞里面还可见到 2 个或 3 个核仁。

(2) 紫竹梅叶片表皮的观察

1) 叶绿体和白色体：将紫竹梅叶片下表皮朝下，然后向下对折，撕开下表皮，在较薄处剪下一小块，置于滴有清水的载玻片上摊平，盖上盖玻片，先置于低倍

镜下观察，两个半月形的细胞为保卫细胞，其中含有一些圆形绿色的叶绿体，在一些表皮细胞的核周围还可见到微小发亮的小颗粒——白色体(图1-2)。

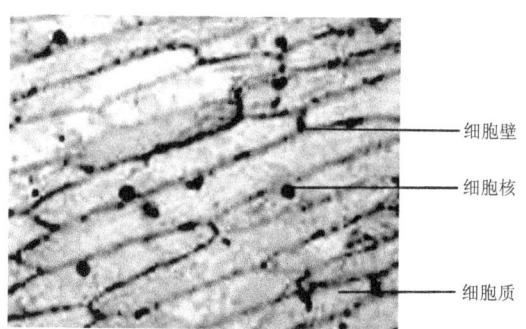

图1-1 洋葱鳞片叶表皮细胞

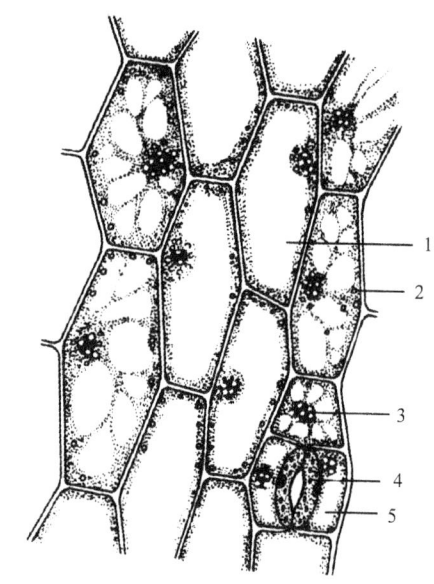

图1-2 紫竹梅叶下表皮细胞(王全喜和张小平，2004)
1.液泡；2.白色体；3.细胞核；4.保卫细胞；5.副卫细胞

2) 线粒体：在上述制片盖玻片的边缘滴1~2滴结晶紫，在另一边用吸水纸吸去水分和染液，染色完毕，在高倍镜下观察，可见到进行布朗运动的细小颗粒，这些小颗粒就是线粒体。

(3) 辣椒果皮中有色体的观察

1) 用剪刀剪下一小块辣椒果皮，放在载玻片上，用刀刮掉果肉，制成薄片。然后放在滴有清水的载玻片上。装片观察。

2) 在高倍镜下可清楚地看到果皮细胞中含有许多红色的小颗粒,这些颗粒即为有色体(图 1-3)。

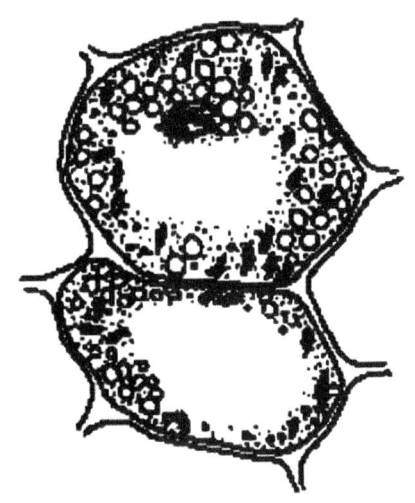

图 1-3 辣椒果皮有色体(何凤仙,1999)

(4) 果肉离散细胞的观察

用解剖针挑起已成熟的番茄果肉少许(以临近果皮部分为好),将其放在载玻片的一滴水中,用解剖针将果肉细胞拨匀,分散得越均匀越好,盖上盖玻片,在低倍镜下可看到圆形或卵圆形的离散细胞(图 1-4)。由于成熟果肉细胞间的中胶层溶解,所以,能看到每个细胞的细胞壁。当轻轻地触动盖玻片时,可见到离散果肉细胞在载玻片上滚动,因而能把它们的几个立体面都观察清楚。

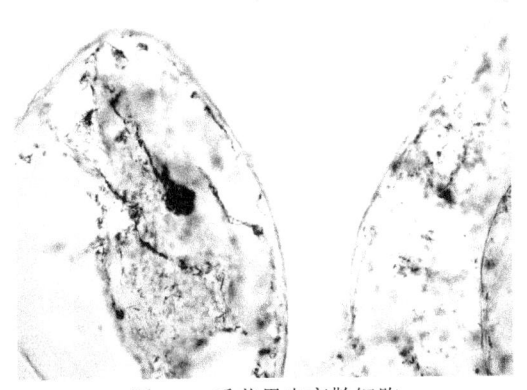

图 1-4 番茄果肉离散细胞

2. 动物细胞的结构观察

(1) 人口腔上皮细胞的观察

1) 制片。滴一滴 0.9%的生理盐水于载玻片中央，将消毒牙签粗的一端伸入漱净的口腔内，在任意一侧的颊部轻轻刮几下，将牙签上附有口腔壁碎屑的一端放在载玻片上的液滴内，分散均匀，盖上盖玻片，吸去多余的液体。

2) 观察。将此装片置于低倍镜下寻找较分散的单个细胞观察，可见人口腔上皮细胞呈扁圆形或扁平多边形。

3) 若观察不够清楚，可用醋酸洋红染色后，再置于低倍镜下并转在高倍镜下观察。可见细胞外围仅有一大致可辨的细胞界限，细胞核呈鲜红色位于细胞中央或近中央，细胞质呈浅红色。

(2) 血细胞计数

1) 熟悉计数板。血细胞计数板是一长方形厚玻片，常用的改良牛鲍尔(improved-Neubauer)计数板在中央横沟的两边各有一计数室，两计数室结构完全相同。计数室较两边的盖玻片支柱低 0.1 mm。因此，放上盖玻片时，计数板与其间距即计数室空间的高为 0.1 mm(图 1-5)。在低倍显微镜下可见计数室被双线划分成 9 个边长为 1 mm 的大方格。四角的大方格又各分为 16 个中方格，这是用来计数白细胞的。中央大方格被划分为 25 个中方格，每一中方格又被划分成 16 个小方格(图 1-6)，称 25×16(也有的计数板为 16×25 的，小方格面积一致)。中央大方格的四角及中心 5 个中方格(16×25 者则为四角上的中方格)为红细胞或血小板计数范围。

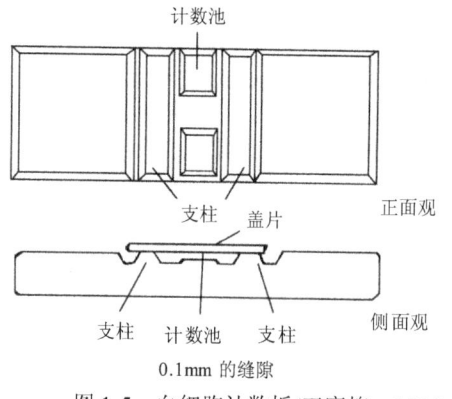

图 1-5　血细胞计数板(王庭槐，2004)

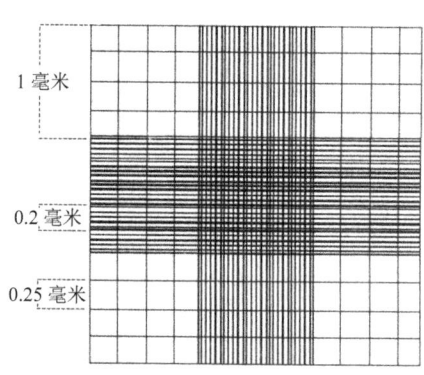

图 1-6　改良牛鲍尔 (王庭槐，2004)

2) 红细胞计数。先用试管稀释法制备禽类血细胞悬液：将禽类红细胞稀释液Ⅰ、Ⅱ分别置于水浴锅中预热到 41~42℃，取Ⅰ液 1 mL 于试管中，用吸管加入新鲜鸡血(或肝素抗凝血)20 滴，再加入Ⅱ液 1 mL 混匀，置于水浴锅中保温 50 s 左右，置于室温，即为待检的血细胞悬液，可用于充液计数。取干洁的计数板，置于水平的显微镜载物台上，盖上盖玻片，使两侧各空出少许。摇匀血细胞悬液，用滴管吸取，将滴管尖轻轻置于盖玻片边缘外，使滴出的血细胞悬液在毛细管作用下吸入计数室内,刚好充满计数室为宜(图1-7)。静置2 min后计数,先用低倍镜观察,不均匀则抛弃。计数时用光圈、集光器、反光镜等调节入射光角度和强度,认清计数室位置。采用"由上至下,由左至右,顺序如弓"的顺序,对压边线细胞采取"数上不数下,数左不数右"的原则(图1-8)。依次计数并记录5个中方格中分别有多少个红细胞。

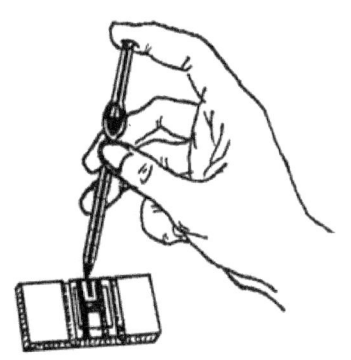 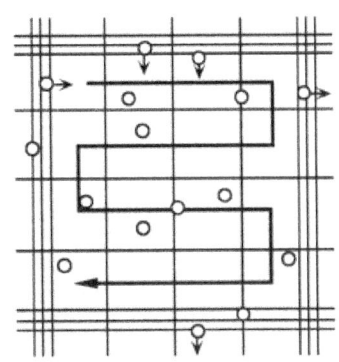

图1-7　计数室充液法(赵轶千和王雨若,1985)　　图1-8　计数血细胞的路线(赵轶千和王雨若,1985)

3) 血小板计数。采取血液并立即与肝素抗凝血混合(由于血小板具有趋向于凝集和黏附于异物表面的特性)。以血小板稀释液(10% $EDTANa_2$ 10mL 与 0.8% NaCl 90 mL 组成)将血液稀释200倍,混匀后滴入血细胞计数室内,静置15 min,待血小板下沉后。于高倍镜下计数(同红细胞计数)。在高倍镜下血小板呈椭圆形、圆形或不规则的折光小体分布于红细胞间,注意与杂质相区别。也可用复方尿素稀释液稀释血液,稀释时应静置20 min以上,待红细胞充分溶解后再充液计数。

4) 计算。按计数室构造及血液稀释倍数,将血细胞计数结果换算成每立方毫米中血细胞的个数。以每100 mL血液中的血红蛋白量(g)乘以10再除以红细胞数($10^6/mm^3$)得到红细胞平均血红蛋白量(MCN,单位 10^{-12}g)。

5) 仪器洗涤。计数板、盖玻片和测定管用清水冲洗,再用绸布或细布沾干。

【作业与思考题】

1. 绘制洋葱表皮细胞结构和鸭跖草叶下表皮结构简图。
2. 绘制辣椒果皮和番茄果肉细胞结构简图。
3. 绘制口腔上皮细胞结构简图。
4. 植物细胞与动物细胞在形态和结构上有哪些不同?
5. 计算待测血中血细胞的数量,并简要说明计算过程,根据各组的均值进行评价。

实验 2　生物组织的基本类型及其特点观察

2.1　植　物　组　织

【目的与要求】

通过对植物组织的形态结构观察,了解分生组织、保护组织、薄壁组织、机械组织、输导组织的主要特点及其相互的区别。

【器材、试剂及材料】

显微镜,盖玻片,载玻片,镊子,刀片,解剖针,滴管,吸水纸。

盐酸-间苯三酚溶液

蚕豆、玉米根尖纵切、南瓜茎纵切和小麦果实永久制片,杨树或椴树茎、双子叶植物茎和幼根横切永久制片,棉叶主脉横切制片,柑橘果皮横切制片,松茎横切制片,蚕豆,天竺葵叶,小麦或玉米的叶片,芹菜叶柄,南瓜茎,薄荷茎,棉花或亚麻纤维材料以及梨的果实。

【内容与操作】

1. 分生组织的观察

(1) 原分生组织和初生分生组织的观察

1) 取蚕豆或玉米根尖纵切永久制片,先在低倍镜下观察(图 2-1)。在根尖的最顶端是一群薄壁组织细胞,即根冠。在根冠之上是原分生组织。

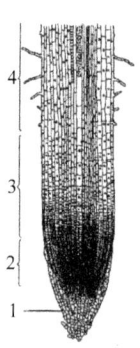

图 2-1　根尖纵切片(示根尖分区)(何凤仙,1999)
1. 根冠; 2. 分生区; 3. 伸长区; 4. 根毛区

2) 转换高倍物镜,仔细观察原分生组织的细胞特征。可见原分生组织的细胞体积小,几乎都为等直径多面体形,细胞排列紧密,没有细胞间隙,细胞壁薄,细胞质浓,细胞核位于细胞中央并占较大的体积,液泡小而分散,细胞内通常无后含物。在原分生组织内常能看到正在进行有丝分裂的细胞。在原分生组织之上就是初生分生组织,它是由原分生组织刚衍生的细胞组成。这些细胞在形态上已出现了最初的分化,但细胞仍具有较强的分裂能力,因此,初生分生组织是一种边分裂边分化的组织,也可以看做是由分生组织向成熟组织过渡的组织。

(2) 次生分生组织的观察

观察杨树或椴树茎横切永久装片,认识形成层和木栓形成层。

2. 保护组织的观察

(1) 双子叶植物叶表皮的观察

1) 取双子叶植物叶(如蚕豆或天竺葵叶),将其背面向上,放在左手食指上,用中指和大拇指夹住叶片两端,用镊子顺叶脉方向撕取一小块下表皮,制作成临时装片,注意装片时将外表面朝上。

2) 在低倍显微镜下观察,可见普通表皮细胞扁平,侧壁呈不规则形状弯曲,互相紧密连接成一层组织,无细胞间隙。细胞内有液泡、细胞核和白色体,但没有叶绿体。

3) 在表皮细胞之间分布着许多气孔器,选择一个较清晰的气孔器,转换高倍镜仔细观察(图2-2),它是由两个肾形保卫细胞和气孔缝组成。保卫细胞有叶绿体和细胞核,每对保卫细胞之间有缝隙,保卫细胞连同缝隙一起被称为气孔,保卫细胞的壁在缝隙外明显增厚。

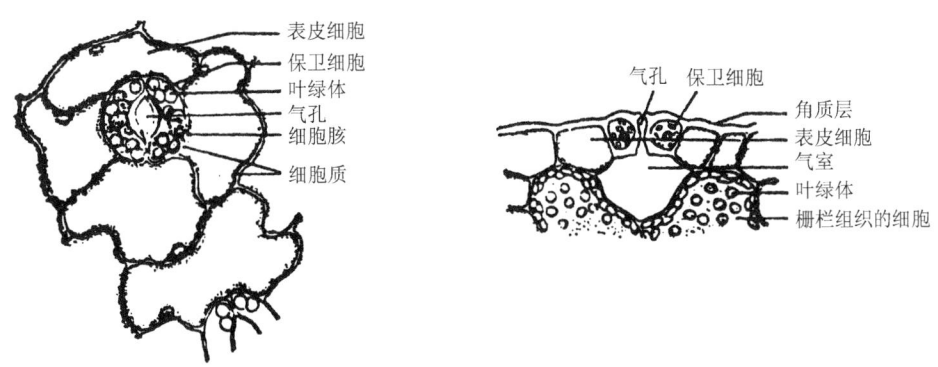

图 2-2 蚕豆叶下表皮(赵遵田和苗明升,2011)

(2) 单子叶植物叶表皮的观察

1) 取禾本科植物(小麦或玉米)的叶片,将下表皮向下平放在载玻片上,用锋利的刀片轻轻刮去上表皮和叶肉,只留下膜状的下表皮。

2) 然后,用毛笔蘸少量的自来水,把残留在下表皮的叶肉清理干净。

3) 最后,将下表皮切成边长约为 3 mm 的小方块,制成临时装片。

4) 在显微镜下观察，可看到各种细胞。与双子叶植物叶表皮最显著的区别之一是保卫细胞呈哑铃形。

3. 薄壁组织的观察

1) 取小麦果实永久制片、双子叶植物茎和幼根横切永久制片，分别观察其叶肉、胚乳、髓和皮层，它们都是薄壁组织。

2) 从上述组织可以看出，薄壁组织的细胞壁都有薄的初生壁，细胞体积较大，细胞的形状多呈等径的多面体，且具有发达的细胞间隙，细胞内原生质生活的时间较长，细胞分化较低，在一定部位和一定条件下可以转化为次生分生组织。根据薄壁组织的功能不同，又可分为同化组织、储藏组织、储水组织和通气组织。

4. 机械组织的观察

(1) 厚角组织

挑选切好的南瓜茎或薄荷茎切片做成临时装片，置于显微镜下观察(图 2-3)。在南瓜茎的棱角处，表皮内方有一群排列紧密的细胞，其细胞壁在角隅处显著加厚，这群细胞就是厚角组织。

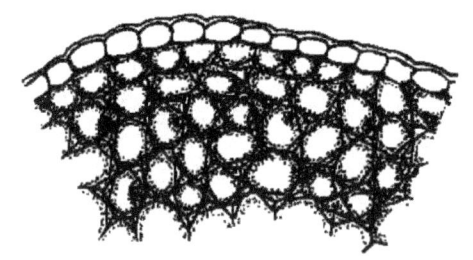

图 2-3 南瓜茎的厚角组织横切面(何凤仙，1999)

(2) 厚壁组织

1) 石细胞。剖开梨的果实，可见果肉中有一些坚硬的白色颗粒，这就是由石细胞组成的石细胞团。用镊子取一粒石细胞团置于载玻片上，把石细胞团压碎，做成临时装片观察。可见梨的石细胞呈等径多面体形，细胞壁很厚，由于细胞壁特别厚，形成明显的管状纹孔道，纹孔道随细胞壁的增厚彼此汇合，形成分支纹孔道。成熟的石细胞中原生质体已消失，只留下空而小的细胞腔(图 2-4)。

2) 纤维。取棉花或亚麻纤维材料做成临时装片，置于显微镜下观察(图 2-4)。可见纤维是两端尖细呈梭状的细长细胞，长度比宽度大许多倍。细胞壁明显增厚，细胞壁上纹孔较少，呈缝隙状。细胞内原生质体多已消失，仅留下空而狭小的细胞腔。

用盐酸-间苯三酚溶液浸泡纤维 3 min，再做成临时装片，可见它们的细胞壁都变成红色，其细胞壁已均匀加厚并木质化。

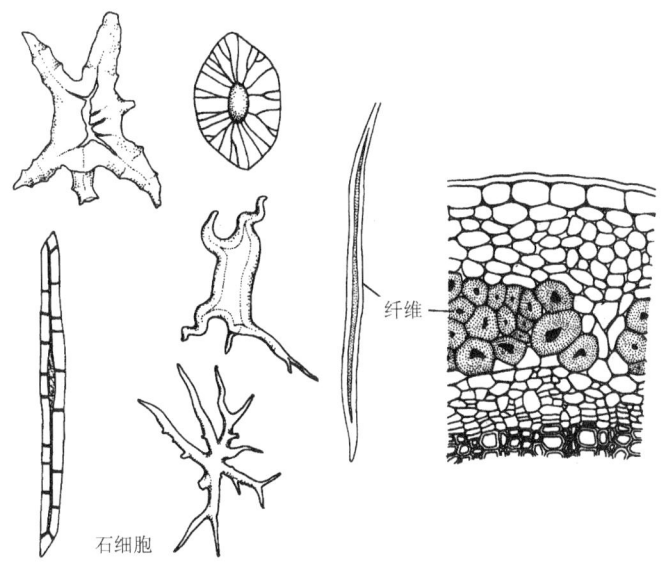

图 2-4　石细胞(厚壁组织)和植物纤维图(杨继，2003)

5. 输导组织的观察

1) 取南瓜茎纵切永久制片，观察其输导组织的主要组成成分(图 2-5)。首先在低倍镜下找到韧皮部存在的位置，然后在其中寻找管状的细胞连接成的筛管。每节是一个筛管分子，相当于一个细胞，两细胞连接的端部稍有膨大且染色较深处，是筛板所在的位置。

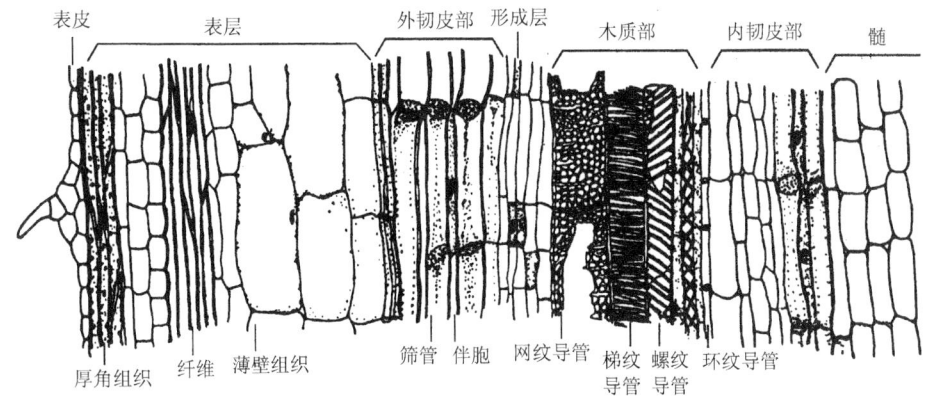

图 2-5　南瓜茎纵切面(汪小凡和杨继，2006)

2) 在纵向排列的维管束中，直径较大的细胞是导管分子，分子连接在一起形成导管。直径最大的是孔纹导管，由于其细胞壁显著次生加厚且木质化，在切片上被染成红色。

6. 分泌组织的观察

1) 取棉叶主脉横切制片,观察分泌细胞、分泌腔和主脉外的蜜腺。

2) 取柑橘果皮横切制片,观察其分泌腔(也称为油囊)。

3) 取幼嫩的松茎横切制片,装片后观察,可见韧皮部和木质部中有许多较大的圆孔,圆孔周围有一圈较小、排列整齐、紧密的细胞,这个圆孔即为分泌树脂的分泌道(也称为树脂道)。

2.2 动物组织

【目的与要求】

通过动物组织的形态结构观察,了解上皮组织、结缔组织、肌肉组织和神经组织四类基本组织的结构及功能。

【器材、试剂及材料】

显微镜,二甲苯,香柏油,各种动物基本组织永久装片(小肠、气管、食道、膀胱、甲状腺、皮肤、心肌、骨骼肌、肌腱、疏松结缔组织、软骨、硬骨、脊髓、小脑皮质、大脑皮质等组织切片)。

【内容与操作】

1. 上皮组织

(1) 单层立方上皮

取兔甲状腺切片,先用低倍镜观察,可看到许多大小不等的、圆形或椭圆形的红色甲状腺滤泡。转用高倍镜观察,滤泡壁由1层立方体形上皮细胞构成,核圆形、蓝紫色,位于细胞中央,细胞质粉红色(图2-6)。

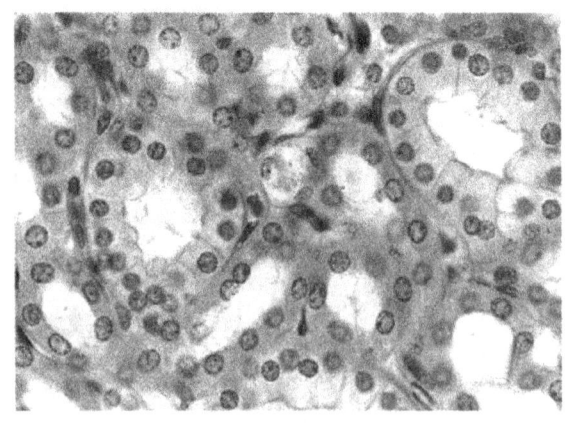

图 2-6 上皮组织单层立方上皮 (白庆笙和王英永, 2007)

(2) 单层柱状上皮

取猫小肠横切片,用低倍镜观察,可见黏膜面形成许多指状突起,突向管腔,突起表面覆有1层柱状上皮。用高倍镜观察,可见上皮细胞为柱状,核长椭圆形、蓝紫色,靠近细胞的基底部。把虹彩光圈缩小,减少光量,可见细胞的游离面有1层较亮的粉红色膜状结构,称为纹状缘。在柱状细胞之间分散有杯状细胞,此细胞上端膨大、下端细小,核呈三角形或半圆形,位于细胞基底部。在杯状细胞上端的细胞质内积有大量不着色的黏液,在切片上呈卵形空泡状结构,细胞尖端无纹状缘。

(3) 假复层纤毛柱状上皮

取兔气管横切片,用高倍镜观察,可见气管内表面的细胞排列紧密,彼此挤压,细胞形状很不规则。细胞一端与基膜相连,但另一端有的细胞达上皮游离面,有的未达游离面,细胞核位置高低不等,以致整个上皮似复层细胞组织。注意观察锥形细胞、梭形细胞、具纤毛的柱状细胞以及杯状细胞的排列位置。

(4) 复层扁平上皮

取猫食管横切片观察。呈扁圆形,管壁靠管腔的部分为复层扁平上皮。与基膜相连的是一层排列整齐的短柱状细胞,细胞核圆形。中层为几层多角形细胞,排列不整齐,核变得扁平。接近表面的细胞变为扁平状,核呈长梭形。

2. 结缔组织

(1) 疏松结缔组织

取小白鼠皮下疏松结缔组织铺片[苏木精-伊红 (HE)染色]观察。可观察到交叉成网的纤维和散在纤维之间的细胞。弹性纤维染成蓝色,细、有分支,不成束,无波浪状弯曲;胶原纤维染成红色,成束,弯曲成波浪状。细胞有多种,其中分布最多的为成纤维细胞,细胞核染色深而清晰,细胞质染色浅,甚至较难观察到。

(2) 软骨组织

取透明软骨切片观察。可见染成蓝紫色的软骨基质和染成红色的位于陷窝内的细胞。在软骨中心部分的软骨细胞较大,呈椭圆形或圆形,2~4个软骨细胞常成群存在。近边缘的软骨细胞较小而密,往往单个。软骨周围包有一层被染成淡红色的软骨膜。

3. 肌肉组织

(1) 骨骼肌

取骨骼肌横切片观察。先用低倍镜,后用高倍镜观察,可见肌纤维呈多边形或不规则圆形,外有肌膜,细胞核卵圆形紧贴肌膜内侧。肌原纤维呈小红点状,在肌浆内排列不均匀,所以在横切面上呈现小区(图2-7A)。

(2) 心肌

取心肌切片观察。用高倍镜观察,在纵切面上,心肌纤维彼此以分支相连,核卵圆形，位于心肌纤维中央。把虹彩光圈缩小，光线放暗一些，可看到心肌纤维的横纹，但不及骨骼肌的明显。在心肌纤维及其分支上，可见到染色较深的梯形横线，即润盘。在横切面上，由于切片的关系，有的有核，有的无核(图 2-7B)。

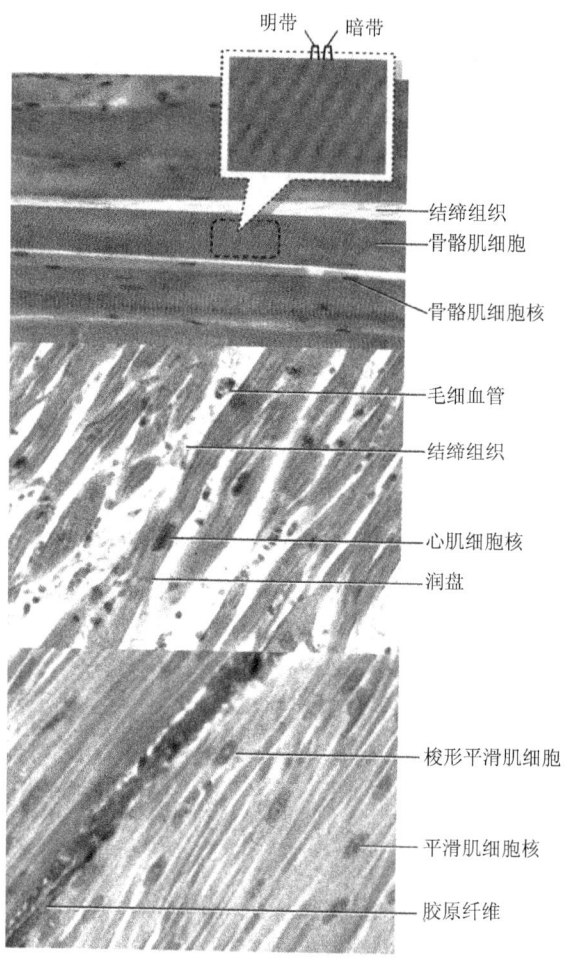

图 2-7　肌肉组织纵切面(白庆笙和王英永，2007)
A.骨骼肌纵切；B.心肌纵切；C.平滑肌纵切

(3) 平滑肌

用高倍镜观察猫的小肠横切片，可见小肠壁平滑肌横切面呈大小不等、不规则的红色圆点，有的中央有染成蓝紫色圆形的核，有的见不到核。纵切面平滑肌纤维呈长椭圆形或杆状，被染成蓝紫色，细胞质被染成红色(图 2-7C)。

4. 神经组织

取兔脊髓横切片，肉眼观察，脊髓横切片中央为蝴蝶状的灰质，其中心有一孔为中央管，灰质较狭的一端为后角，较宽的为前角。包围在灰质周围染色较淡的部分是白质。

用低倍镜观察，在前角内有许多较大的多突起细胞即脊髓前角运动神经元，为多极神经元。神经元胞体上的突起包括树突和轴突，但不易区分，一般可根据轴突基部的轴丘处染色较浅(无尼氏体)来识别轴突。选择一个胞体较大、突起较多、核较清晰的神经元移至视野中央。

用高倍镜观察，核大，呈囊泡状，居细胞中央，核内有染色较深的核仁。

【作业与思考题】

1. 比较各种组织的细胞形态、特征、功能及其在植物体中的分布等。
2. 绘出植物叶的表皮细胞和气孔器，并标明各部分。
3. 比较平滑肌、骨骼肌和心肌的结构特点。
4. 绘制高倍镜下的神经元结构图(标注胞体、突起和细胞核)。
5. 从结构与功能统一的观点，说明动物体四大基本组织的功能。

实验3 细胞质运动及组织渗透势的测定(质壁分离法)

【目的与要求】

1. 了解植物细胞的细胞质运动。
2. 学会运用质壁分离法测定植物组织的渗透势。

【实验原理】

植物细胞吸水固然与其细胞液的渗透势有关,但并不完全取决于渗透势,而是由细胞的水势决定。因为原生质体外围还有细胞壁的限制原生质的膨胀,同时细胞内的亲水胶体又有吸水的特性,因此典型细胞水势由三部分组成:$\psi_w=\psi_\pi+\psi_p+\psi_m$,其中,$\psi_\pi$为渗透势,即溶液的水势,是溶质颗粒的存在导致的自由能降低,一般为负值,主要取决于溶液中溶质颗粒(离子或分子)的总数;ψ_p为压力势,是由于细胞壁压力的存在而增加的水势,一般为正值,在特殊情况下会等于零(质壁分离时)或负值(剧烈蒸腾时);ψ_m为衬质势,是细胞胶体物质亲水性和毛细管对自由水束缚而引起水势降低的值,以负值表示,形成液泡的细胞具有一定的衬质势,但已形成液泡的细胞衬质势很小,可忽略不计。

要测定植物细胞的渗透势,可将植物组织放入一系列不同浓度的蔗糖溶液中,经过一段时间,植物细胞与蔗糖溶液间将达到渗透平衡态。如果在某一溶液中细胞脱水达到平衡时刚好处于临界质壁分离状态,则细胞的压力势将下降为零。由于衬质势忽略不计,此时细胞液的渗透势等于外液的渗透势$\psi_{\pi o}$,即$\psi_\pi=\psi_{\pi o}$。此溶液称为该组织的渗透溶液,其浓度称为该组织的等渗浓度,即可计算出细胞液的渗透势(ψ_π)。实际测定时,由于临界质壁分离状态难以在显微镜下直接观察到,所以一般均以初始质壁分离作为判断等渗浓度的标准。处于初始质壁分离状态的细胞体积,比吸水饱和时略小,故细胞液浓缩而渗透势略低于吸水饱和状态时的渗透势称为基态渗透势。

【器材、试剂及材料】

显微镜,载玻片,盖玻片,镊子,双面刀片,培养皿,吸水纸,移液管,量筒等。

1 mol/L 蔗糖溶液。

新鲜黑藻(*Hydrilla verticillata*)叶片,紫竹梅(*Setcreasea purpurea*)花,洋葱鳞叶等。

【内容与操作】

1. 细胞质运动观察

1) 取黑藻幼嫩的叶片，制成临时装片，在高倍镜下仔细观察中脉附近的叶肉细胞，可见叶绿体等细胞器的运动，注意细胞质流动的方向和速度，并与相邻细胞进行比较。

2) 取紫竹梅花丝做临时装片，置于显微镜下观察，花丝表皮毛是由多个排成单列的椭圆形细胞构成，仔细观察其中几个细胞中细胞质流动的方向和速度。

2. 植物组织渗透势的测定

1) 称 34.23 g 蔗糖用蒸馏水 100 mL 溶解，其浓度为 1 mol/L(母液)，然后再配成 0.30~0.70 mol/L 浓度梯度的蔗糖溶液各 50 mL。

2) 取培养皿并编号，分别吸取上述浓度的蔗糖溶液各 10 mL 放于培养皿内。

3) 将带有色素的植物组织，一般选用有色素的洋葱鳞片的外表皮。用镊子撕取下洋葱的外表皮，迅速分别投入各种浓度的蔗糖溶液中，使其完全浸入。投入时先从高浓度开始，每隔 5 min 向下一浓度放 2 或 3 片洋葱表皮。

4) 5~10 min 后，从 0.30 mol/L 开始依次取出表皮薄片放在滴有同样溶液的载玻片上，盖上盖玻片，于低倍镜下观察质壁分离的情况，如果所有细胞都产生质壁分离的现象，则取低浓度溶液中的制片进行同样观察，并记录质壁分离的相对程度。

5) 实验中必须确定一个引起半数以上细胞原生质刚刚从细胞壁的角隅上分离的浓度，以及不引起质壁分离的最高浓度。

6) 在找到上述浓度极限时，用新的溶液和新鲜的叶片重复进行 3~5 次以确定结果的准确性。在此条件下，细胞的渗透势与两个极限溶液浓度之平均值的渗透势相等。将结果记录于表 3-1。

表 3-1 植物的叶片在不同蔗糖溶液中质壁分离的情况

植物材料	蔗糖溶液浓度/(mol/L)								
	0.30	0.35	0.40	0.45	0.50	0.55	0.60	0.65	0.70
洋葱									

7) 根据下列公式计算在常压下该组织细胞的渗透势。

$$\Psi_\pi = -iCRT$$

式中，Ψ_π 为溶液的渗透势，以 MPa 为单位；i 为溶液的等渗系数，蔗糖为 1；C 为溶液的质量摩尔浓度，以 mol/kg 为单位；R 为摩尔气体常量，为 0.008 314(MPa·L)/(mol·K)；T 表示热力学温度，即 $(273+t)$℃。

【作业与思考题】

1. 叙述细胞渗透作用的原理。
2. 测定并计算不同植物组织的渗透势。

实验 4　花色素的提取及纸上色谱分离

【目的与要求】
1. 掌握花色素提取、纸上色谱分离的方法及其原理。
2. 了解花色素的物理化学性质及其用途。

【实验原理】
花色素属于类黄酮物质的一种，在自然界中分布广泛，是植物的主要水溶性色素之一，适宜用纸层析法进行初步分离。

以纸为载体，以纸上所含水分或其他物质为固定相，用流动相(有机溶剂或酸水溶液)展开的分配色谱。可用比移值(R_f)表示各组分的位置。操作分上行法和下行法两种。

【器材、试剂及材料】
KQ5200DB 型数控超声波清洗器，RE52-AA 旋转蒸发仪，恒温水浴锅，层析缸(长×宽×高=21 cm×7 cm×23 cm)，微量注射器，定量毛细管，冷热电吹风等。

层析纸(杭州新华造纸厂 102 中速定性滤纸)，浓盐酸，95%乙醇，正丁醇，冰醋酸，甲酸等。

野牡丹(*Melastoma malabathricum*)、地菍(*Melastoma dodecandrum*)、杨桐(*Adinandra millettii*)、葡萄(*Vitis vinifera*)、玫瑰茄(*Hibiscus sabdariffa*)等植物的果实。

【内容和操作】
1. 花色素浓缩液的制备

新鲜材料经晾干、称重去皮、捣碎，用含体积分数 1% HCl 的 95%乙醇作为提取液，按 1:15(m/V)加入提取液，避光浸泡 12~24 h 后，超声波处理 30 min 后，经抽滤得滤液。滤液经减压浓缩，温度控制在 50℃以下，得色素浓缩液，将浓缩液离心以除去沉淀。所得浓缩液置于 4℃冰箱中备用。

2. 花色素的纸上色谱

(1) 层析筒(缸)

通常为圆形或长方形玻璃缸，缸上具有磨口玻璃盖，应能密闭。上行法时，在盖上的孔中加塞，塞中插入玻璃悬钩，以便将点样后的色谱滤纸挂在钩上。

(2) 滤纸

将滤纸裁成宽×高=20 cm×22 cm，在距裁好的滤纸底边 2 cm 处用铅笔画一条原线，每间隔 2 cm 标出一个原点，必要时可将色谱滤纸卷成筒形，点样基线距底边约 2.5 cm, 如图 4-1 所示。

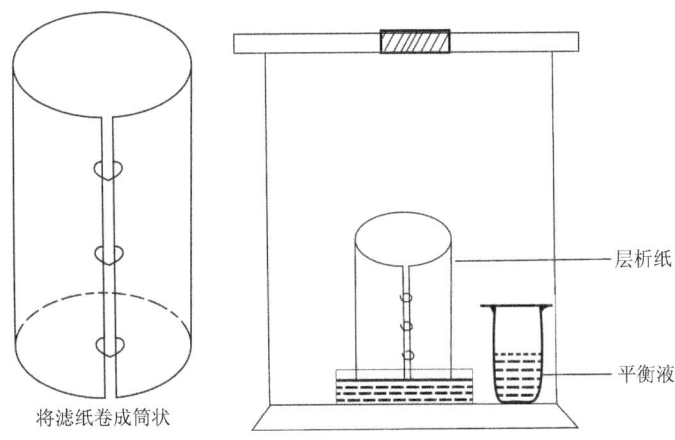

图 4-1 层析装置示意图(汪矛,2003)

(3)点样

常用具支架的微量注射器或定量毛细管,应能使点样位置正确、集中。将供试品溶解于适当的溶剂中制成一定浓度的溶液。用微量毛细管或微量注射器吸取溶液,点于点样基线上,溶液宜分次点加,每次点加后,自然干燥、低温烘干或经温热气流吹干,样点直径为 2~4 mm,点间距离为 1.5~2.0 cm,样点通常应为圆形;或用色素液在原线上直接画线,作为原点。

(4)展开

展开剂通常采用以下三种,即 1%HCl($V_{浓HCl}:V_{水}$)=3:97、HAc-HCl($V_{乙酸}:V_{浓HCl}:V_{水}$)=15:3:8、甲酸溶液($V_{浓HCl}:V_{甲酸}:V_{水}$)=2:5:3。

展开方式通常采用上行法,即将点好样的层析纸垂直放入盛有展开剂的层析缸内,密封层析缸,与展开剂平衡 1h。平衡结束后用上行法将滤纸底边浸入展开剂 1 cm,密封层析缸,静止至展开剂前沿距原线 18 cm 左右时,取出滤纸,于空气中自然晾干,进行观察,测量样品和展开剂移动距离。

展开也可用采用环形法(辐射法)。

(5) 前沿

(6) 斑点(条带)

(7) 各色带 R_f 值的测定

将色素用展开剂展开、干燥后分别在室温(25℃)下测定每个点样点到各色带中心及展开剂边缘的距离,计算出各色带 R_f 值(比移值,以平均值计),见图 4-2。

$$R_f = \frac{样品斑点移动距离(X)}{展开剂前沿移动距离(Y)}$$

3. 结果与分析

通过同一样品在3或4种不同展开剂中的R_f值，记录于表4-1中，对照标准品R_f值，可粗略估计样品中所含花色苷的种类。

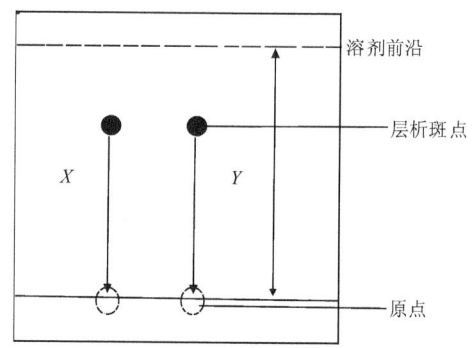

图 4-2 层析中比移值(R_f值)的计算(汪矛，2003)

表 4-1 不同展开剂下花色素的展层结果

展开剂	R_{f1}	R_{f2}	R_{f3}
BAW($V_{正丁醇}$: $V_{冰醋酸}$: $V_水$)=4:1:5			
1%HCl($V_{浓HCl}$: $V_水$)=3:97			
HAc-HCl($V_{乙酸}$: $V_{浓HCl}$: $V_水$)=15:3:8			
甲酸溶液($V_{浓HCl}$: $V_{甲酸}$: $V_水$)=2:5:3			

【作业与思考题】

1. 实验中用纸层析法分离花色素时，应注意哪些操作事项？
2. 依据花色素的哪些性质进行提取与分离？纸层析分离后，各种色素环在滤纸上的位置如何？
3. 用层析原理以及花色素的化学结构，试分析层析所出现的不同色层的原因？
4. 如何判断呈橙黄色的花和果实中含的是类胡萝卜素还是花色素？

实验5 蒽酮法测定植物组织中可溶性糖的含量

【目的与要求】
1. 学会植物组织中可溶性糖含量的测定方法，了解不同的植物组织可溶性糖含量的高低。
2. 学会722分光光度计等仪器的使用。

【实验原理】
植物在个体发育的各个时期代谢活动都发生相应的变化，碳水化合物的代谢也不例外，其含量也随之发生变化，本实验介绍的是蒽酮法，糖在硫酸存在下生成糠醛或羟甲基糠醛，该产物与蒽酮($C_{14}H_{10}O$)反应生成蓝绿色糖醛衍生物，在620nm处有最大吸收。在糖浓度范围为0~150 μg/mL，糠醛衍生物颜色的深浅与可溶性糖含量成正比，因此可用分光光度法进行糖的定量测定。

蒽酮法灵敏高，且方法简便。由于绝大部分的碳水化合物都能与蒽酮试剂反应，该法不但可以测定戊糖与己糖，而且可以测定寡糖类和多糖类物质，包括蔗糖、淀粉、纤维素等(因为反应液中的浓硫酸可把多糖水解成单糖而发生反应)，所以用蒽酮法测出的糖含量，实际上是溶液中全部可溶性糖的总量。

【器材、试剂及材料】
722型分光光度计，分析天平，研钵，恒温水浴锅，三角烧瓶，烧杯，容量瓶，大试管，移液管，漏斗，乙醚，乙二酸钠，饱和乙酸铅，石英砂等。

葡萄糖标准溶液：称取已在80℃烘箱中烘至恒重的葡萄糖100 g，溶于高纯水并定容至100 mL。使用时再稀释10倍，即得100 μg/mL葡萄糖标准溶液。蒽酮试剂：称取1 g经过纯化的蒽酮，溶解于1000 mL稀硫酸中即得。稀硫酸溶液由760 mL浓硫酸(相对密度1.84)稀释成1000 mL而成。储于棕色瓶中，当日配制使用。

新鲜苹果或蔬菜。

【内容与操作】
1. 标准曲线的制作

取试管6支，编号，按表5-1顺序加入试剂

将各管快速混匀，于沸水浴中煮沸10 min，取出冷却至室温，以0号管为空白对照，迅速测定各管$A_{620\ nm}$值。以葡萄糖含量(μg)为横坐标，然后在分光光度计波长620 nm下比色，测定各溶液的光密度，以光密度为纵坐标，即$A_{620\ nm}$值为纵坐标，绘制标准曲线，进而对数据进行一元线性回归，得回归方程。

表 5-1　标准曲线制作各试剂加样表

试剂	管号					
	0	1	2	3	4	5
$V_{葡萄糖标准溶液}$/mL	0	0.2	0.4	0.6	0.8	1.0
$V_{高纯水}$/mL	1.0	0.8	0.6	0.4	0.2	0
$V_{蒽酮试剂}$/mL	5.0	5.0	5.0	5.0	5.0	5.0
$m_{试管中葡萄糖含量}$/μg	0	20	40	60	80	100

2. 样品中可溶性糖的提取

称取苹果果肉 200 mg，剪碎，置于研钵中，加入少量高纯水和石英砂，研磨成匀浆，然后转入 20 mL 刻度试管中，用 10 mL 高纯水分次洗净研钵，洗液一并转入刻度试管中。置沸水浴中加盖煮沸 10 min，冷却后过滤，滤液收集于 50 mL 容量瓶中，用高纯水定容至刻度，摇匀备用。

3. 可溶性糖提取液的稀释

吸取提取液 2 mL，置于另一 50 mL 容量瓶中，以高纯水定容，摇匀。

4. 糖含量的测定

取试管 3 支，分别加入已稀释的提取液 1 mL 及蒽酮试剂 5 mL；另取试管 1 支，以等量高纯水代替提取液与蒽酮试剂 5 mL 混合，以此管作空白对照。充分振荡混匀各管内容物，置沸水浴 10 min，冷却至室温后，测定 $A_{620\,nm}$ 值。根据所测定的 $A_{620\,nm}$ 值，通过回归方程计算出相应的葡萄糖含量，做 3 次平行实验。

5. 结果计算

$$可溶性糖含量(\%)=\frac{C\times V}{W\times 10^6}\times 100\%$$

式中，V 为植物样品稀释后的体积(mL)；C 为提取液的含糖量(μg/mL)；W 为植物组织鲜重量(g)。

【作业与思考题】

1. 计算所测植物组织中的可溶性糖的含量。
2. 用蒽酮法测定植物组织中可溶性糖含量需要注意哪些事项？
3. 干扰可溶性糖测定的主要因素有哪些？应如何避免？

实验6 蒜根尖有丝分裂染色体标本制备及观察

【目的与要求】
1. 通过实验掌握有丝分裂各时期的形态特征及染色体的形态变化。
2. 通过实验掌握植物根尖有丝分裂制片技术。

【实验原理】
有丝分裂是生物体细胞增殖的主要方式之一,又称为间接分裂。它的特点是在分裂过程中有纺锤体、染色体出现,染色单体被平均分配到子细胞,这种分裂方式普遍见于高等动植物,是真核细胞分裂产生体细胞的过程。在有丝分裂过程中,细胞通过分裂将复制的遗传物质均匀地分配到两个子细胞中,保证了细胞遗传物质的稳定性。为了更好地掌握有丝分裂过程中的变化,根据形态学特征,人为地将有丝分裂分为间期、前期、中期、后期和末期五个阶段。高等植物的有丝分裂主要发生在根尖、茎尖及幼叶等部位的分生组织。

【器材、试剂及材料】
显微镜,载玻片,盖玻片,培养皿,镊子,解剖针,刀片,滴管,吸水纸等。
卡诺氏固定液(无水乙醇3份,冰醋酸1份),1mol/L HCl溶液,乙醇,改良苯酚品红染色液:取0.3 g碱性品红溶于10 mL 70%的乙醇中,加入90 mL 5%的苯酚水溶液,再加入10.9 mL冰醋酸和10.9 mL 38%的甲醛,配成原液(可长期保存),取原液10~20 mL,加入80~90mL 45%冰醋酸和1.5 g山梨醇,即成染色液。放置14d后使用,染色效果显著,可普遍用于植物组织的压片法和涂片法,使用2~3年不变质。山梨醇为助渗剂,兼有稳定染色液的作用。
蒜(*Allium sativum*)鳞茎。

【内容与操作】
1. 蒜幼根的培养

根据所要观察的时间,提前3~5 d进行培养,将一定数量的蒜瓣剥去外边膜质枯皮,下端可见许多微微凸起的根原体,将蒜瓣架在烧杯(大小与蒜瓣适宜)口上,杯中盛满清水,使蒜瓣的下部浸入水中,置于温暖处,注意每天换水,经3~5 d后,即可长出嫩根,根长可长到1.5~2 cm。

2. 固定

欲观察有丝分裂各个时期,必须选择蒜根尖细胞分裂旺盛的时期,一般在上午10~11时或下午3~4时取材固定,均可获得分裂相较多的压片。将根尖剪入卡诺氏固定液(现用现配)中固定12~24 h,放入4℃冰箱中保存备用。如果固定后需较长时间储存,可转入体积分数为70%的乙醇液中,4℃低温保存。

3. 解离

将固定好的根尖放入解离液($V_{95\%乙醇}:V_{浓盐酸}=1:1$)中解离 5~10 min 后取出,用高纯水漂洗 2 或 3 次,移入高纯水中待用。

4. 染色

取 1 或 2 条根尖置于载玻片上,用刀片或镊子截去伸长区部分,只留 2~3 mm 长的分生区(根尖乳白色部分),用吸水纸吸去多余水分。另取一张干净载玻片,呈十字形交叉盖在有根尖的载玻片上,用大拇指按压载玻片的中央,使根尖被压成一薄层,然后将两块载玻片分开,滴改良的苯酚品红染色液一小滴进行染色 3~5 min,盖上盖玻片,用铅笔橡皮头或解剖针轻轻敲打盖玻片,使根尖细胞打散均匀。吸去多余的染色液,放入显微镜下观察。

5. 观察

具体见图 6-1 和图 6-2。

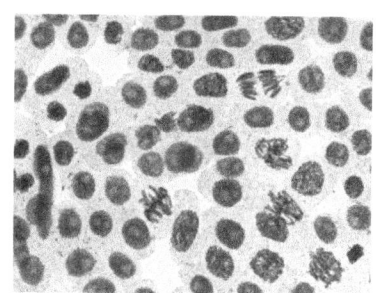

图 6-1 压片法观察蒜根尖

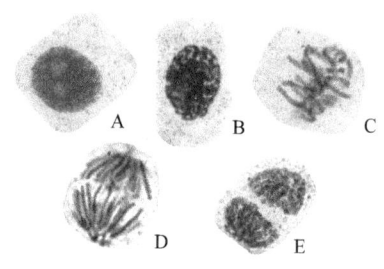

图 6-2 染色体结构

A.间期;B.前期;C.中期;D.后期;E.末期

(1) 分裂间期

细胞核大,结构均一,可以清楚地看到核膜和核仁。这是细胞积累物质,储备能量准备分裂的时期。

(2) 前期

前期过程较长,可以看到前期的各个阶段。首先是在均匀的细胞核中出现了不均匀的状态(细微的、扭曲的染色体丝),以后出现染色深的小块或颗粒(染色体丝缩短变粗),逐渐成为形态清楚的染色体(但成对现象不易观察),同时核膜、核仁消失。

(3) 中期

纺锤丝明显可见,染色体聚集到细胞中央,着丝点排列在赤道板上(一个平面),染色体呈弯曲状态,并纵裂为二(染色单体),此时除着丝点还连接着,其余部分彼此松开,因此这是观察染色体的形态和数目的最好时机。由于细胞分裂的方向不同，可以观察到两种不同的中期形态的细胞。一种是极面观，这时染色体呈放射状成圈[d2]排列在赤道板上；另一种是侧面观，这时染色体在细胞中央成排并列，可见染色体与纺锤丝相连着的梭形纺锤体。一般植物细胞中染色体数目是相对稳定的，蒜的染色体数为16条。

(4) 后期

每对染色单体的着丝点分开，成对的染色单体相互分离，分别向细胞的两极移动，成为两组，于是每个染色单体就成为独立的染色体。因此，每组染色体仍具有与母细胞数目相同的染色体。

(5) 末期

移到两极后的染色体，成为密集的一团，并逐渐变得细长而离散，呈均一状态。核膜核仁重新出现，因而形成两个新的细胞核，与此同时在纺锤丝的中部出现细胞板，并向四周扩展，形成两个子细胞，细胞的一个完整分裂过程完成。

【作业与思考题】

1. 绘制观察到的蒜根尖细胞有丝分裂各时期详图，并注明细胞形态发生的变化。
2. 详细阐述植物细胞分裂与动物细胞分裂的异同。

实验 7　果蝇唾腺染色体标本的制备与观察

【目的与要求】

1. 学习剖离果蝇等幼虫唾腺的技术和压制唾腺染色体标本的方法。
2. 根据唾腺染色体上带纹的形态和排列识别不同的染色体,进一步研究和鉴别果蝇染色体结构变异的方法。

【实验原理】

双翅目类昆虫(果蝇、摇蚊等)的幼虫唾腺细胞间期核中的染色体巨大,宽约 5 μm,长约 400 μm,相当于普通细胞中期染色体的 100~150 倍。唾腺染色体经过多次复制而不分开,有 1000~4000 根染色体丝的拷贝,又称为多线染色体(polytene chromosome),经染色后,可观察到一个染色较深的染色盘和以染色盘为中心向外辐射出的 5 条染色体臂,臂上出现深浅不同、疏密各别的横纹。4 对唾腺染色体上已确定了 6000 多条染色带,它们宽窄、疏密、顺序、数目恒定,有种的特异性,同种个体是相同的,不同的种则不一样,因此果蝇多线染色体可以建立染色带及间带分布图,它们的表现和遗传学图大致平行,多数遗传学家认为这些横纹与基因有对应关系,所以果蝇唾腺染色体是研究染色体结构畸变、基因定位及基因表达(mRNA 合成)的良好材料。

【器材、试剂及材料】

解剖镜,显微镜,解剖针,镊子,载玻片,盖玻片,酒精灯,培养皿,烧杯,吸水纸。

0.7%生理盐水,无水乙醇,1mol/L 盐酸,冰醋酸,蒸馏水,酵母液,改良石炭酸品红染色液,醋酸洋红染色液。

黑腹果蝇(*Drosophila melanogaste*)三龄幼虫,玉米琼脂培养基。

【内容与操作】

1. 幼虫培养

发育充足、肥大的三龄幼虫,是制备出理想的染色体玻片标本的关键。将果蝇放入培养瓶中(果蝇不应过多,500mL 牛奶瓶 10 对左右)于 15~18℃的稍低温度条件下培养,接种 12 h 后,将成虫移出,控制成虫的排卵持续时间,以免产生过多的卵(要求每平方厘米培养基表面 20~40 只幼虫),一龄幼虫出现后,每天在培养基表面滴加 2%~4.5%的酵母液或鲜酵母。2~3 龄幼虫应滴加 10%左右的酵母液,滴加的量以覆盖在培养基表面薄薄一层为宜。待三龄幼虫大量爬出培养基时,也可将培养瓶移至 3~5℃冰箱中进行低温处理,不让其化蛹。这样的幼虫活动慢,易解剖出唾腺，而且可以获得染色体分散良好的制片。

2. 唾腺示范

多数学生未见过果蝇唾腺，易把白色脂肪体或胃腺体甚至消化道片段误认为是唾腺。应把唾腺放在解剖镜下进行示范，由于剖取完整的唾液腺(包括两个腺体、两条分泌管及它们汇合的总管)是比较烦琐的，实验时学生可分成几组先后几次分别实验。制作了唾腺的永久制片，树胶封藏，唾腺几乎透明，轮廓不如在生理盐水中清晰可见。用石蜡沿盖片四周密封装片，可保存几个星期以上，只要准备一次，就能满足前后几次实验的示范要求。

3. 唾腺剖取

选取果蝇三龄幼虫放在载片上，加一滴 0.7%的生理盐水，幼虫以体型大、虫龄长的为好。将载片置于解剖镜下，因为虫体乳白色半透明，应使用解剖镜黑色载物台一面，利于观察操作。解剖针不宜过于尖锐，避免用力时刺破头部，拉不出唾腺，反而不便于第二次拉取。左手持解剖针按在虫体后的 1/3 处，右手持解剖针按在头部黑点状口器的后侧，下按不宜太重，主要是平稳往外用力拉，撕下头部并带出唾腺，它是位于消化道前端两侧的两个半透明的长囊状腺体。若唾腺被拉断或未被拉出，可用解剖针在虫体前部 1/3 处向前轻压出来。若学生辨认感到实在困难，也可滴一滴染色液，待几分钟后在低倍显微镜下可看到较大型的细胞和核，染色时间稍长些还可看到盘曲在圆形核内的带状多线染色体，再结合唾腺外观长囊形，便可辨认。

4. 解离

把载玻片上的幼虫其他部分除去，用吸水纸小心吸去生理盐水(注意吸水纸应离唾腺远些，以免吸附唾腺)，在唾腺上加一滴 1 mol/L HCl，处理 2~3 min，这样黏附在唾腺上的脂肪体容易剔除，也有利于细胞分离和染色体伸展。之后反复用清水把 HCl 洗净，以免影响染色。

5. 染色

加 2 滴改良石炭酸品红或醋酸洋红染色液均可。使用时，染色 5~25 min，注意根据情况滴加染色液，勿使其干燥。

6. 压片

加上盖片，在酒精灯上微热几次，覆上吸水纸，用解剖针柄轻敲几下，再以拇指垂直向下压片，用力力度可以试着掌握，以细胞核被压破、染色体伸展而不破碎为限。为了避免一次压片失败又需重新剖取和染色，可将两条染色的唾腺用解剖针共分成 4 份分装在几个载片上。压片后在低倍显微镜下检查，若染色体已破碎就需要重新压制；若核未破，染色体仍包裹于核内，可重新用力压片或用左手拇指、食指按住盖片的两角，再用右手食指指端垂直向下敲击盖片。用手指敲击容易感觉和掌握力度。注意压片过程中盖片不可搓动。制好装片就可以进行观察。

7. 镜检

先用低倍镜(10×)观察制片,找到铺展较好的染色体图像(图 7-1)后,将其移动至视野中心,再用高倍镜(40×)观察。

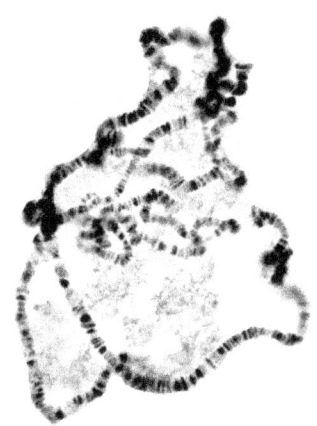

图 7-1 果蝇唾腺染色体

黑腹果蝇的染色体数目是 $2n=8$,但在唾腺细胞中发生体细胞染色体配对,所以染色体数目减半。X 染色体和 4 号染色体是端部着丝粒染色体,其着丝粒在染色中心上,另一端向外伸展。2 号、3 号染色体是中部着丝粒染色体,其着丝粒也在染色中心,各自的两臂呈"V"字形向外伸展。按照原理应该观察到 6 个头,但因为 4 号染色体较短小,往往在光学显微镜下看不到,所以通常在铺展较好的情况下只能观察到 5 个头。雄果蝇的 Y 染色体异染色质部分几乎包含在染色中心,染色稍淡,而且染色体比雌果蝇的稍细。

【作业与思考题】

1. 每人制作 1 张染色体分散、横纹清晰的临时装片。
2. 绘制你在显微镜下的果蝇唾腺巨染色体图。
3. 制片的关键技术有哪些步骤?

实验8　人类体细胞染色体标本制备与核型分析

【目的与要求】

1. 熟悉人类外周血淋巴细胞的培养方法及染色体标本的制备方法。
2. 通过人体细胞染色体组型图制备,熟悉人体细胞有丝分裂中期染色体的形态特征。

【实验原理】

染色体是在显微镜下可见细胞有丝分裂过程中出现的结构。因此,必须获得染色体标本才能进行检查分析,通常情况下,都是利用外周血淋巴细胞进行核型分析。正常情况下,人体外周血淋巴细胞不再分裂,但植物血凝素(PHA)可刺激血中的淋巴细胞转化为淋巴母细胞,使其恢复增殖能力。因此,可采取少量外周静脉血,做短期培养,培养72 h细胞进入增殖旺盛期,此时加入秋水仙素抑制细胞分裂,使细胞分裂停止在中期以获得足够量的分裂期细胞,经低渗、固定、制片、染色后镜下观察进行核型分析。

【器材、试剂及材料】

采血器材,酒精灯,培养瓶,超净工作台,恒温培养箱,恒温水浴箱,离心机,刻度离心管,胶头吸管,试管架,量筒,试剂瓶,载玻片,吹风机,显微镜,镜油,二甲苯,擦镜纸,镊子,烧杯,记号笔,玻片架,火柴,10 mL注射器,直尺。

RPMI 1640液体培养基,小牛血清,肝素(500 U/mL),植物血凝素(PHA),秋水仙素(10 mg/mL),KCl低渗液(0.075 mol/L),甲醇,冰醋酸,Giemsa原液,磷酸缓冲液(pH 6.8)。

人外周血(学生志愿者)。

【内容与操作】

1. 外周血淋巴细胞染色体标本制备

(1) 采血及接种培养

1) 在酒精灯火焰上,用灭菌注射器(一次性注射器)抽取肝素 0.2 mL,使肝素湿润至管壁。

2) 常规消毒后,采集外周静脉血 5 mL,转动注射器使血液与肝素混匀。

3) 在超净工作台中,预先将 RPMI 1640 液体培养基(5 mL,含植物血凝素 60 mg/mL、10%小牛血清)加入消毒好的小培养瓶中,再滴加 25 滴全血(6 号针头),水平摇动混匀。

4) 置于37℃恒温培养箱中培养72 h。培养过程中每天水平摇动培养物1或2次，使血液均匀悬浮，再继续培养。

5) 终止培养前2~4 h，加入秋水仙素，使终浓度达到0.2 μg/mL。轻轻摇动培养瓶，使秋水仙素混匀。继续培养至72 h。

(2) 制片

1) 收集细胞时，去掉瓶塞，用乳头吸管吸取培养液，充分混匀培养物，再将全部培养物吸入刻度离心管中。

2) 1000 r/min 离心 8 min(注意先配平)。

3) 弃上清液，加入37℃预温的0.075 mol/L KCl 溶液8 mL，用吸管轻轻吹打细胞团混匀后，置于37℃恒温水浴箱低渗处理25 min。

4) 加入1 mL 新配制的固定剂(甲醇：冰醋酸=3：1)，用吸管小心吹打、混匀，1000 r/min 离心 8 min。

5) 弃上清液，加入8 mL 固定剂，吹打细胞团制成细胞悬液后，室温下固定20 min。

6) 1000 r/min 离心 8 min。

7) 弃上清液，重复固定一次。

8) 弃上清液，根据细胞数量的多少适当加入数滴新配制的固定剂，吹打细胞制成悬液。

9) 吸取少量细胞悬液，滴2~3滴于冰水浸泡过的载玻片上，吹散，气干。

10) 将标本置Giemsa染液中，染色8 min，水洗去浮色，气干。

11) 显微镜下观察染色体标本分裂相的多少及分散情况。

2. 常规染色体核型分析

1) 根据染色体的形态、大小及着丝粒的位置，将染色体分为7组。

A组染色体：包括1~3号染色体。长度最长，1号和3号染色体为中央着丝粒，2号染色体为亚中央着丝粒染色体。

B组染色体：包括4号和5号染色体，长度次于A组；亚中央着丝粒染色体，短臂较短。

C组染色体：包括6~12号和X染色体，中等长度，亚中央着丝粒染色体。

D组染色体：包括13~15号染色体，具有近端着丝粒和随体。

E组染色体：包括16~18号染色体，16号染色体着丝粒在3/8处，17号和18号染色体着丝粒约在1/4处。

F组染色体：包括19号和20号染色体，中央着丝粒。

G组染色体：包括21号、22号和Y染色体，是染色体组中最小的，为近端着丝粒的染色体。21号和22号染色体具有随体。

2) 在显微镜下找出染色体分散良好、长度适中、姐妹染色单体清楚的中期分裂相进行显微拍摄。

3) 将显微拍摄放大好的照片上的一个细胞的全部染色体，分别一条一条剪下。根据染色体的长短和形态特征进行同源染色体的目测配对。

4) 测量出每条染色体短臂和长臂长度，计算出各条染色体的相对长度、着丝粒指数、臂指数，并记录原始数据。

5) 根据测量数据校正目测配对排列的结果，进行调整排列。

6) 把染色体按一定顺序一对一对地排列，排列时注意短臂向上，长臂向下，性染色体单独排列，最后把染色体贴成一完整的染色体组型图(图8-1、图8-2)。

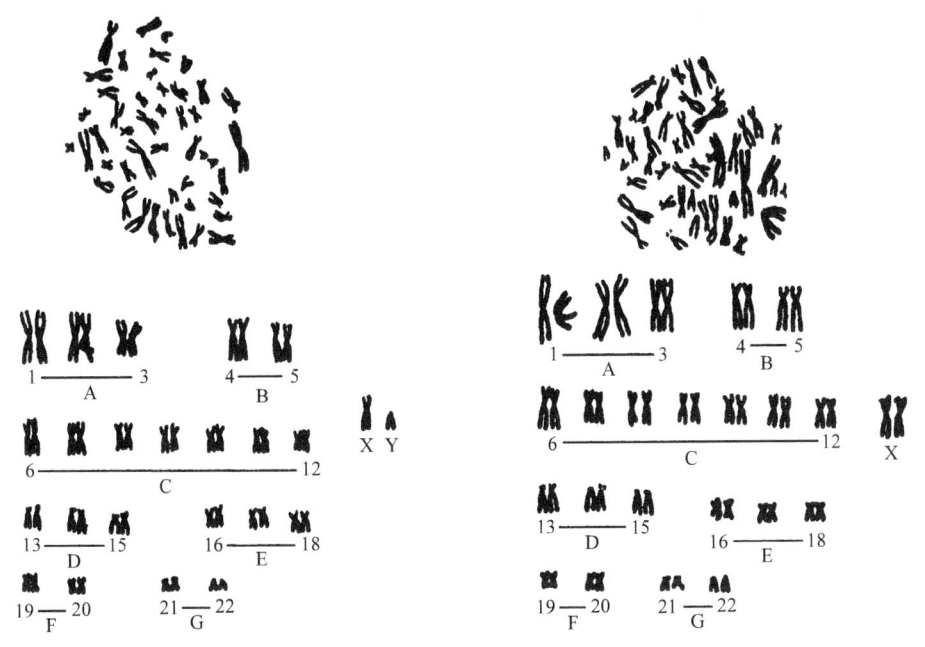

图 8-1　正常男性染色体核型(高文和，2001)　　图 8-2　正常女性染色体核型(高文和，2001)

【作业与思考题】

完成剪贴男性或女性染色体核型一套。

实验9 草履虫的形态结构与活动

【目的与要求】

1. 通过对草履虫的显微观察，了解纤毛纲动物的主要形态特征及运动行为。
2. 通过实验，进一步认识和理解单细胞原生动物是一个完整的能独立生活的动物有机体。

【器材、试剂及材料】

显微镜，盖玻片，载玻片，试管，移液管，毛细滴管，吸管，量筒，秒表，滤纸，中性红，精密pH试纸(pH范围0.5~5.0和5.0~7.0)，吸水纸，脱脂棉，乙酸，冰醋酸，碘液，蛋清液，NaCl，蒸馏水等。

草履虫培养液。

【内容与操作】

1. 草履虫的形态结构及运动观察

用吸管吸取草履虫培养液滴在一干净载玻片中间。注意(用低倍镜检查其密度及游速)为便于观察，可将少许棉花纤维扯松放在液滴上。亦可加一滴蛋清液，盖上盖玻片，用低倍镜观察，如果草履虫游动仍很快，则用吸水纸在盖玻片一侧吸去部分水分，直至适合观察为止。注意：在观察过程中，不可使装片完全失水。

(1) 草履虫的外形及运动方式

草履虫形似倒置的草鞋底，前端纯圆[d3]，后端稍尖，体表密布纤毛，体末端有一束较长纤毛。从虫体的前端开始，体表有一凹沟斜向后行直到虫体中部称为口沟，口沟处有较长的纤毛。游动时，草履虫全身纤毛有节奏地呈波浪状快速摆动，由于口沟的存在和该处纤毛摆动有力，使虫体绕其向左旋转，沿螺旋状路径前进。

(2) 草履虫的内部构造

选择一个比较清晰而活动较慢的草履虫用高倍镜观察，具体结构见图9-1。

①表质膜：为虫体最外层具有弹性的薄膜，布满纤毛。②外膜：紧贴表质膜的一层细胞质，透明无颗粒。③刺丝泡：紧贴外膜与表质膜垂直排列的折光性很强的半透明杆状体。在盖玻片一侧加一滴1%乙酸或碘液，可见刺丝泡放出刺丝。④内质：外膜以内的细胞质，多为致密颗粒。⑤胞口：口沟末端的椭圆形小孔。⑥胞咽：与胞口后端相连并深入内层的弯曲短管。其壁上生有由长纤毛联合形成的波动膜。⑦食物泡：充满体内大小不一的圆形泡。可在盖玻片边缘滴加0.01%中性红染液。10 min后可观察上色的食物通过口沟胞咽在草履虫体内形成食物泡

和食物泡在体内的移动路线。⑧伸缩泡：在虫体前后各有一透明的圆形泡，可伸缩。当伸缩泡主体缩小时,可见其周围有 6 或 7 个呈放射状排列的长形透明管。(思考：注意前后两个伸缩泡之间及伸缩泡的主泡与收缩泡之间在收缩上有何规律？)⑨细胞核：在内质中央有大小两个细胞核，生活时小核不易观察到。在盖片一侧滴一滴 5%冰醋酸，另一侧用吸水纸吸引，1~2 min 后，草履虫被杀死。在低倍镜下可见位于虫体中部被染成黄褐色的肾形大核，高倍镜聚焦后可见在大核凹处有一点状小核。

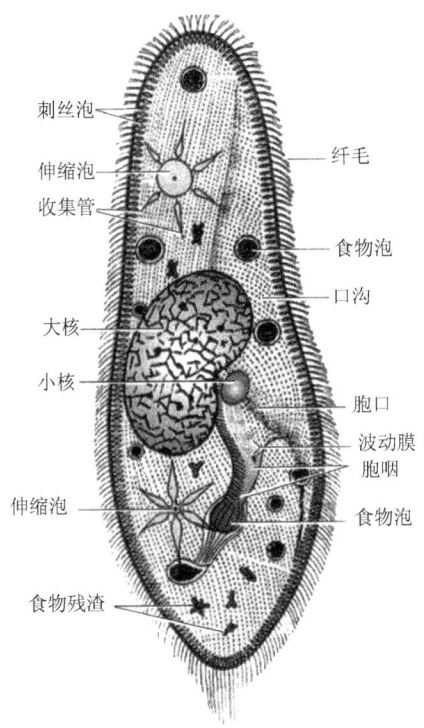

图 9-1　草履虫的外形及内部结构简图(白庆笙和王英永，2007)

2. 草履虫的应激性实验

(1) 草履虫对盐度变化的反应

1) 用不同质量浓度的 NaCl 溶液刺激：取 5 块干净载片，第一块滴入蒸馏水作对照，其余 4 块分别滴入质量浓度分别为 0.1%、0.3%、0.5%、0.8%的 NaCl 溶液，再用毛细滴管吸取密集草履虫培养液分别滴一小滴于各载玻片的溶液中(注意：草履虫液不宜过多，以免稀释盐溶液；各浓度的 NaCl 溶液中滴入草履虫溶液后均于 5 min 后观察，因此要安排好时间)，混匀，加棉纤维和盖玻片，制成临时装片，依次置于显微镜下观察。

2) 伸缩泡的收缩频率的变动：在低倍镜下选 1 个清晰活动较慢的草履虫，用高倍镜观察其伸缩泡的收缩频率的变化。用秒表记录伸缩泡的收缩周期，重复 3 次，取平均值。并推算每分钟的收缩频率，再取 2 只草履虫，重复以上计数，最后得出 3 只草履虫伸缩泡的平均收缩频率。

按以上方法观察记录，计算并比较草履虫在蒸馏水和不同质量浓度 NaCl 溶液中伸缩泡的收缩频率。注意观察草履虫在 0.8%的 NaCl 溶液中，其形体和运动有何变化。在盖片一侧加蒸馏水，另一侧用吸水纸吸水，使蒸馏水替代 0.8%的 NaCl 溶液，观察草履虫有何变化，以上现象说明什么？

(2) 草履虫对酸刺激的反应

1) 配制乙酸溶液：用滤纸过滤草履虫培养液，取冰醋酸和滤液配成浓度为 0.01%~0.02% 和 0.04%~0.05% 的乙酸溶液。

2) 草履虫对酸刺激的反应

用滴管吸取密集草履虫培养液滴于载玻片上，使液滴为直径略小于载玻片宽度的一片圆形液层。将载玻片置于显微镜载物台中央，用低倍镜观察其密度及分布，用毛细滴管吸取 0.01%~0.02% 的乙酸溶液，轻轻滴一滴在载玻片上草履虫液层中央，在镜下观察草履虫动态。用 pH 试纸分别轻轻浸入液层中草履虫聚集处和滴入酸液处，检测其 pH。再取一块载片，用 0.04%~0.05%的乙酸液重复以上实验，观察草履虫动态并检测分析实验结果，说明草履虫对不同 pH 的趋性。草履虫最喜酸度是多少？你能否设计出其他相关的应激性反应实验？

3. 草履虫的生殖

将培养的原液放在培养器中，加一小块腐败的面包。培养 10~12 h 后，即可在显微镜下看到较多的分裂个体。把该培养原液经过离心沉淀，将上清液稀释 10 倍。1 d 后就能看到较多草履虫合体。

取草履虫分裂生殖和接合生殖装片，于低倍显微镜下观察。

(1) 草履虫分裂生殖装片

观察草履虫的无性生殖是横裂还是纵裂。

(2) 草履虫接合生殖装片

观察两个虫体的接合情况。

【作业与思考题】

1. 绘制草履虫形态与构造图，并注明各结构名称。

2. 分析总结各项实验，举例说明：为什么说原生动物是最原始最简单的动物和原生动物的单个细胞是一个完整的能独立生活的动物个体。

实验10 水螅的观察和螯虾的解剖观察

【目的与要求】

1. 通过对水螅的观察，了解腔肠动物门的主要特征。
2. 观察螯虾(或日本沼虾)的外形和内部结构，了解甲壳动物在形态结构上的主要特征。

【器材、试剂及材料】

解剖器材(含解剖盘、解剖剪、解剖针、解剖刀，镊子)，显微镜，盖玻片，载玻片，放大镜。活水螅或水螅浸制标本，螯虾(或日本沼虾)浸制标本，以及水螅的横(纵)切片标本。

【内容与操作】

1. 观察水螅

(1) 生活的水螅

将水螅盛于培养皿中，待其完全伸展后，用放大镜观察。水螅体呈圆柱状，附着在物体上的一端，称为基盘；另一端为圆锥形突起，称为垂唇。垂唇中央为口，周围有一圈细长的触手。水螅这种体型属于哪种对称形式？用解剖针轻轻触动一条触手，观察它有何反应？再稍用力触动一下，又有何反应？

(2) 水螅的切片观察

先用放大镜观察纵切片，区别出水螅的口端和基盘的一端。再用低倍镜观察(图10-1)，要求认出外胚层、中胶层和内胚层，中央的空腔即为消化循环腔。然后观察纵切的触手，其间是否有腔？与消化循环腔的关系怎样？若有芽体，则观察芽体的胚层与母体的关系。

在低倍镜下观察横切片(图10-2)，想一下纵切面，辨认出组成体壁的内胚层、外胚层。中胶层和消化循环腔。注意内胚层、外胚层的细胞有何不同？

将体壁的一部分移至视野中心，用高倍镜观察。在外胚层中可看到大而结构清楚的外皮肌细胞。在皮肌细胞间，可看到较小的(与皮肌细胞的核大小略等)数个在一起的细胞，其囊称为刺丝囊。

内胚层的内皮肌细胞占大多数，细胞大，核清楚，并含有许多染色较深的圆形食物泡；有时可看到较小的细胞，游离缘含有细小的深色颗粒，此为腺细胞。

2. 螯虾(或日本沼虾)的外形及内部结构的解剖观察

实验不宜采用浸制过久的标本，因其内脏器官色泽变化大，组织脆而易破损，不便观察。摘取附肢时，用镊子钳住其基部，垂直拔下。若附肢粗大，可用剪刀剪开其基部与体壁的连接后再拔下；但要注意附肢的完整性，同时不能损伤内部器官。

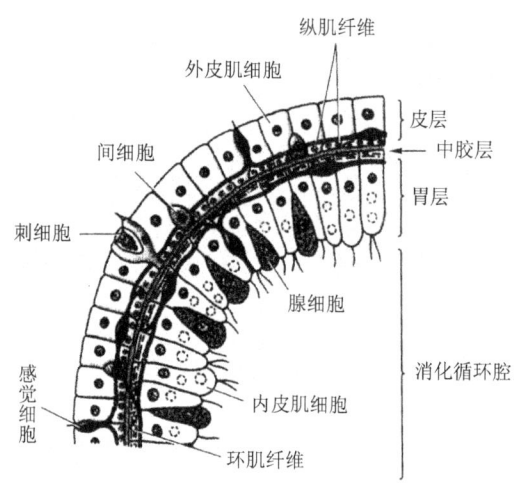

图 10-1 水螅纵切面(侯林和吴孝兵，2007)

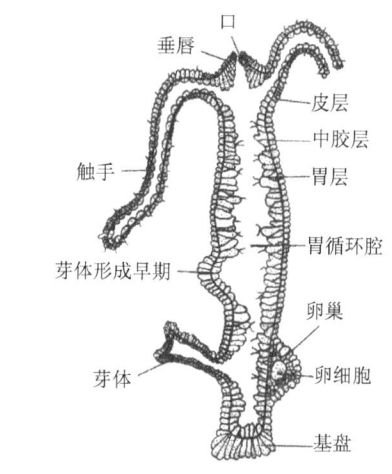

图 10-2 水螅横切面(白庆笙和王英永，2007)

(1) 外形

取螯虾(图 10-3)标本于蜡盘中，先观察其头胸部和腹部以及额剑、复眼等，然后，左手拿虾，使其腹面向上，右手用镊子从腹部一侧最后一个附肢开始，用镊子钳住每个附肢的基部，由后向前依次将附肢取下，将取下的附肢，按照顺序排在蜡盘内，加少许水，再用放大镜观察每个附肢的构造。

螯虾的身体，分为头胸部和腹部，全体为 21 节。头部 6 节，胸部 8 节和腹部

7节组成。除头部的第一节及最后一个节不具附足外,其他各节均有附肢 1 对。故共有 19 对附肢。

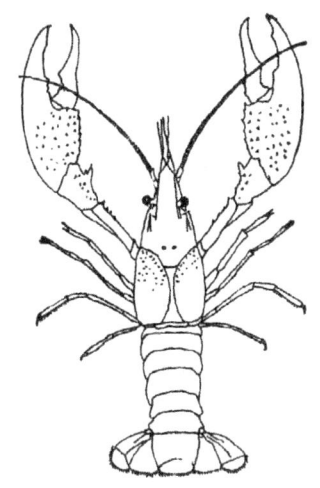

图 10-3　螯虾(侯林和吴孝兵,2007)

1) 头胸部:由头部(6 节)与胸部(8 节)愈合而成,外被头胸甲;头胸甲约占体长的一半。头胸甲前部中央有一背腹扁的三角形突起,称为额剑,其边缘有锯齿(日本沼虾的额剑侧扁,上下缘具齿)。头胸甲的近中部有一弧形横沟,称为颈沟,为头部和胸部的分界线。颈沟以后,头胸甲两侧部分称为鳃盖,鳃盖下方与体壁分离形成鳃腔。额剑两侧各有 1 个可自由转动的眼柄,其上着生复眼,用刀片将复眼削下一薄片,在显微镜下观察其形状与构造。

2) 腹部:螯虾的腹部短,背腹扁(日本沼虾的腹部长而侧扁),体节明显为 6 节,其后还有尾节。各节的外骨骼可分为背面的背板、腹面的腹板及两侧下垂的侧板。观察体节间如何连接?此连接对虾腹部的伸屈运动有何作用?尾节扁平,腹面正中有一纵裂缝,为肛门。

3) 附肢:除第一节[d4]和尾节无附肢外,螯虾共 19 对附肢,即每体节 1 对。除第一对触角是单枝型外,其他都是双枝型,但随着着生部位和功能的不同而有不同的形态结构。观察时,左手持虾,使其腹面向上。首先注意各附肢着生位置,然后右手持镊子,由身体后部向前依次将虾左侧附肢摘下,并按原来顺序排列在解剖盘或硬纸片上,持放大镜自前向后依次观察。

头部附肢:共 5 对。①小触角:位于额剑下方。原肢 3 节,末端有 2 根短须状触鞭(日本沼虾小触角基部外缘有一明显的刺柄,外鞭内侧尚有一短小的附鞭)。触角基部背面有一凹陷容纳眼柄,凹陷内侧丛毛中有平衡囊。②大触鞭:位于眼柄下方,原肢 2 节,基节的基部腹面有排泄孔。外肢呈片状,内肢成一细长的触鞭。③大颚：原肢坚硬，形成咀嚼器，分为扁而边缘有小齿的门齿部和齿面有小突起的白齿部；内肢形成很小的大颚须，外肢消失。④小颚：2 对。原肢 2 节呈薄片状，内缘具毛(日本沼虾原肢内缘具刺)。第 1 小颚内肢呈小片状，外肢退化；第 2 小颚内肢细小，外肢宽大叶片状，称为颚舟叶，颚舟叶有何功用？

胸部附肢：共 8 对，原肢均 2 节。①颚足：3 对。第 1 颚足外肢基部大，末端细长，内肢细小。外肢基部有一薄片状肢鳃。第 2、第 3 颚足内肢发达，分为 5 节(日本沼虾第 3 颚足内肢分 3 节)，屈指状，外肢细长。足基部都有羽状的鳃。3 对颚足和头部附肢大颚、小颚均参与虾口器的形成。②步足：5 对。内肢发达，分为 5 节，即座节、长节、腕节、掌节和指节；外肢退化。前 3 对末端为钳状；第 1 对步足的钳特别强大，称为螯足；其余两对步足末端呈爪状(日本沼虾前 2 对步足末端为钳状，其中第 2 对特别大，尤其是雄虾)。试分析各步足的功用。雄虾的第 5 对步足基部内侧各有一雄孔，雌虾的第 3 对步足基部内侧各有一雌孔。各足基部都长有羽状鳃，注意各鳃的着生部位。

腹部附肢：共 5 对，不发达。原肢 2 节。前 2 对腹肢，雌雄有别。雄虾第 1 对腹肢变成管状交接器，雌虾的退化；雌虾第 2 腹肢细小，外肢退化(日本沼虾第 1 腹肢的外肢大，内肢很短小；第 2 腹肢的内肢有一短小棒状内附肢，雄虾在内附肢内侧有一指状突起的雄性附肢)。第 3、第 4、第 5 对腹肢形状相同，内肢、外肢细长而扁平，密生刚毛(日本沼虾的内肢、外肢呈片状，内肢具内附肢)。

尾肢：1 对。内外肢特别宽阔呈片状，外肢比内肢大，有横沟分成 2 节(肢外缘有一小刺)。尾肢与尾节构成尾扇，尾扇在虾的运动中起何作用？

(2) 内部结构(图 10-4)

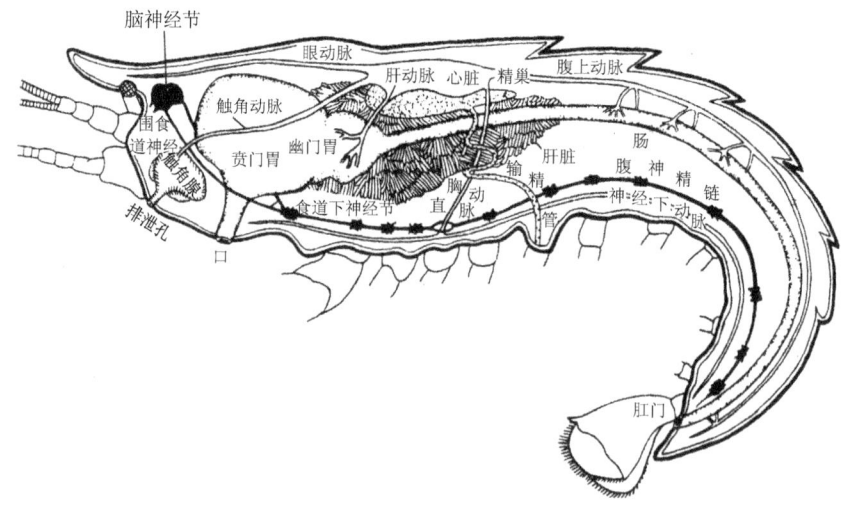

图 10-4　虾内部结构图(黄诗笺，2001[d5])

用剪刀先从头胸甲后缘开始,沿头胸部两侧向前剪,然后将头胸甲剪去,可观察到心脏、肝脏、胃、生殖器官等。然后再用剪刀沿腹部两侧由前向后剪,将腹部背面外骨骼去掉,再用镊子移去腹部一部分肌肉,露出消化管。

1) 呼吸器官:用剪刀剪去螯虾头胸甲的右侧鳃盖,即可看到呼吸器官——鳃。结合已摘下的左侧附肢上鳃的着生情况,原位用镊子稍做分离并同时观察鳃腔内着生在第2颚足至第4步足基部的足鳃、体壁与附肢间关节膜上的关节鳃和着生在第1颚足基部的肢鳃。肢鳃有何功用?螯虾各种鳃的数目是多少(日本沼虾自第2颚足至第5步足各有1对足鳃)?

观察完呼吸系统后,用镊子自头胸甲后缘至额剑处,仔细地将头胸甲与其下面的器官剥离开;再用剪刀自头胸甲前部两侧到额剑后剪开并移去头胸甲。然后用剪刀自前向后,沿腹部两侧背板和侧板交界处剪开腹甲,用镊子略掀起背板,观察肌肉附着于外骨骼内的情况。最后小心地剥离背板和肌肉的联系,移去背板。

2) 肌肉:为成束的横纹肌,往往成对。试比较螯虾与其他无脊椎动物肌肉的差异。

3) 循环系统:为开管式,主要观察心脏和动脉。

心脏:位于头胸部后端背侧的围心窦内,为半透明、多角形的肌肉囊,用镊子轻轻撕开围心膜即可见到。用放大镜观察,在心脏的背面、前侧面和腹面,各有1对心孔。也可在看完血管后,将心脏取下置于培养皿内的水中,再在放大镜下观察。

动脉:细且透明。用镊子轻轻提起心脏,可见心脏发出7条血管。由心脏前行的动脉有5条,即由心脏前端发出1条眼动脉,在眼动脉基部两侧发出1对触角动脉,在触角动脉外侧发出1对肝动脉。由心脏后端发出1条腹上动脉。为一在腹部背面,沿后肠贯穿整个腹部的略粗的血管,沿背方后行到腹部末端。在胸腹交接处,腹上动脉基部,心脏发出一条弯向胸部腹面的胸直动脉。剪去第4、第5步足处胸部左侧壁,用镊子将该处腹面肌肉轻轻向背方掀起,即可见到胸直动脉通到腹面(注意此血管极易被拉断);达神经索腹方后,再向前后分为两支:向前的一支为胸下动脉,向后的一支为腹下动脉。

4) 生殖系统:螯虾为雌雄异体。摘除心脏,即可见到螯虾的生殖腺。

雄性:精巢1对,位于围心窦腹面。白色,呈3叶状,前部分离为2叶,后部合并为1叶。每侧精巢发出1条细长的输精管,其末端开口于第5对步足基部内侧的雄性生殖孔。

雌性:卵巢1对,位于围心窦腹面,性成熟时为淡红色或淡绿色,浸制标本呈褐色。颗粒状,也分为3叶(前部2叶,后部1叶),其大小随发育时期的不同而有很大差别。卵巢向两侧腹面发出1对短小的输卵管,其末端开口于第3对步足基部内侧的雌性生殖孔。在第4、第5对步足间的腹甲上,有一椭圆形突起,中有一纵行开口，内为空囊，即受精囊。

5) 消化系统：用镊子轻轻移去生殖腺，可见其下方左右两侧各有一团淡黄色腺体，即为肝脏。剪去一侧肝脏，可见肠管前接囊状的胃。胃可分为位于体前端的壁薄的贲门胃(透过胃壁可看到胃内有深色食物)和其后较小、壁略厚的幽门胃。剪开胃壁，观察贲门胃内由 3 个钙齿组成的胃磨及幽门胃内几丁质刚毛状结构着生的情况，想想它们各有何功能？

用镊子轻轻提起胃，可见贲门胃前腹方连有一短管，即食管，食管前端连于由口器包围的口腔。幽门胃后接中肠。中肠很短，1 对肝脏即位于其两侧，各以一肝管与之相通。中肠之后即为贯穿整个腹部的后肠。后肠位于腹上动脉腹方，略粗(透过肠壁可见内有深色食物残渣)，以肛门开口于尾节腹面。

6) 排泄系统：剪去胃和肝脏，在头部腹面大触角基部外骨骼内方，可见到一团扁圆形腺体即触角腺，为成虾的排泄器官。生活时呈绿色，故又称为绿腺，浸制标本常为乳白色，它借宽大而壁薄的膀胱伸出的短管，开口于大触角基部腹面的排泄孔。

7) 神经系统：除保留食管外，将其他内脏器官和肌肉全部除去，小心地沿中线剪开胸部底壁，便可看到身体腹面正中线处有 1 条白色索状物，即为虾的腹神经链，它由 2 条神经干愈合而成。用镊子在食管左右两侧小心地剥离，可找到 1 对白色的围食管神经。沿围食管神经向头端寻找，可见在食管之上，两眼之间有一较大白色块状物，为食管上神经节或脑神经节。围食管神经绕到食管腹面与腹神经链连接处有一大白色结节，为食管下神经节。自食管下神经节，沿腹神经链向后端剥离，可见链上还有多个白色神经节，这些神经节与腹部体节的位置关系如何？螯虾腹神经链上一共有多少个神经节？

【作业与思考题】

1. 绘制水螅外形轮廓图，并标出各部分结构名称。
2. 根据实验观察，总结腔肠动物门的主要特征。
3. 绘制螯虾外形图(背面观)，注明各部结构名称。
4. 绘制螯虾解剖图，示消化系统和排泄系统。
5. 为什么螯虾的循环系统较发达？通过对螯虾的观察，说明甲壳纲的主要特点。

实验 11　鱼类的外形观察和内部解剖

【目的与要求】
1. 学习并掌握硬骨鱼类的解剖方法。
2. 通过对鲤鱼或鲫鱼外形和内部构造的观察，了解硬骨鱼类的主要特征及适应于水生生活的形态结构特征。

【器材、试剂及材料】
解剖盘，解剖器具，培养皿，镊子，放大镜，吸水纸，棉花等。
活鲫鱼（或鲤鱼）。

【内容与操作】
鲫鱼(或鲤鱼)呈纺锤形，略侧扁。体表被覆团鳞，背部灰黑色，腹部近白色。身体可分为头、躯干和尾 3 部分。适应于水中生活。

1. 外形

鲤鱼体呈纺锤形，略侧扁，背部灰黑色，腹部近白色。体色与其生活环境有何适应关系？

(1) 头部

自吻端至鳃盖骨后缘为头部。口位于头部前端(口端位)，两侧各有 2 条触须(鲫鱼无触须)。触须有何功能？吻背面有鼻孔 1 对，用解剖针从鼻孔探入，鼻腔通口腔吗？鼻腔参与呼吸过程吗？眼 1 对，位于头部两侧，形大而圆，无眼睑。眼后头部两侧为宽扁的鳃盖，鳃盖后缘有膜状的鳃盖膜，借此覆盖鳃孔。

(2) 躯干部和尾部

自鳃盖后缘至肛门为躯干部；自肛门至尾鳍基部最后一枚椎骨为尾部。躯干部和尾部体表被以覆瓦状排列的圆鳞，鳞外覆有一薄层表皮，用手抚摸鱼体表，是否黏滑？这有何作用？躯体两侧从鳃盖后缘到尾部，各有 1 条由鳞片上的小孔排列成的点线结构，此即侧线，被侧线孔穿过的鳞片称为侧线鳞，侧线有何功能？体背和腹侧有鳍，背鳍 1 个，较长，约为躯干的 3/4；臀鳍 1 个，较短；尾鳍末端凹入分成上下相称的 2 叶，为正尾型；胸鳍 1 对，位于鳃盖后方左右两侧；腹鳍 1 对，位于胸鳍之后，肛门之前，属腹鳍腹位；肛门紧靠臀鳍起点基部前方，紧接肛门后有 1 泄殖孔。

2. 硬骨鱼的一般测量和常用术语

1) 全长是指自吻端至尾鳍末端的长度；体长是指自吻端至尾鳍基部的长度；体高是指躯干部最高处的垂直高；躯干长是指由鳃盖骨后缘到肛门的长度；尾柄

长是指臀鳍基部后端至尾鳍基部的长度；尾柄高是指尾柄最低处的垂直高；尾长是指由肛门至尾鳍基部的长度。

2) 头长是指由吻端至鳃盖骨后缘(不包括鳃盖膜)的长度；吻长是指由上颌前端至眼前缘的长度。眼径是指眼的最大直径；眼间距是指两眼间的直线距离。眼后头长是指眼后缘至鳃盖骨后缘的长度。

3) 鳞式是指侧线鳞数×侧线上鳞数／侧线下鳞数；侧线鳞数是指从鳃盖后方直达尾部的一条侧线鳞的数目；侧线上鳞数是指从背鳍起点斜列到侧线鳞的鳞数；侧线下鳞数是指从臀鳍起点斜列到侧线鳞的鳞数。

4) 鳍条和鳍棘。鳍由鳍条和鳍棘组成。鳍条柔软而分节，末端分支的为分支鳍条，末端不分支的为不分支鳍条；鳍棘坚硬，由左右两半组成的鳍棘为假棘，不能分为左右两半的鳍棘为真棘。

鳍式中一般用 D 代表背鳍，A 代表臀鳍，C 代表尾鳍，P 代表胸鳍，V 代表腹鳍。用罗马数字表示鳍棘数目，用阿拉伯数字表示鳍条数目。鳍式中的半字线代表鳍棘与鳍条相连，逗号表示分离，罗马数字或阿拉伯数字中间的一字线示范围。

3. 年轮的观察

生长的周期性是鱼类的一个特点。鱼类在一年中通常在春、夏季生长很快，进入秋季生长开始转慢，冬季甚至停止生长。这种周期性不平衡的生长，也同样反映在鱼的鳞片或骨片上，具体就是指鳞片表面形式的一圈一圈的环片，这种反映在鳞片或骨片上的周期性变化可作为鱼年龄鉴定的基础。这里着重介绍鳞片的年轮及鉴定年龄的方法。

各种鱼类鳞片上的环片的具体情况不同，因而年轮特征也不同，大多数鲤科鱼类的年轮属于切割型。这类鱼鳞的环片在同一生长周期中的排列都是互相平行的，但与前后相邻的生长周期所形式的排列环片具不平行现象，即切割现象，这就是 1 个年轮。

(1) 摘取鳞片

选择 1 尾鲜活、体表完整无伤的鲫鱼，取鱼体侧线和背鳍前半部之间的鳞片。摘取时用镊子夹住鳞片的后缘，不要伤及前缘。

(2) 清洗

立即将鳞片放入盛有温水的培养皿中，用刷子轻轻洗去污物，再用清水冲洗干净。

(3) 装片

自然晾干后，将鳞片夹在两块载玻片中间，用胶布固定玻片两端。

(4) 观察

1) 先用肉眼观察，鳞片在外观上可分为前、后两部分，前部埋入皮肤内，后部露在皮肤外,并覆盖住后一鳞片的前部。比较前、后两部分的范围和色泽有何差别。

2) 将玻片置于体视显微镜下,先用低倍镜观察鳞片的轮廓。前部是形成年轮的区域,亦称为顶区。上下侧称为侧区。在透明的前部,可见到清晰的环片轮纹,它们以前、后部交汇的鳞焦为圆心平行排列。

3) 将鳞片顶区和侧区的交接处移至视野中,换较高倍数镜头仔细观察,可见某些彼此平行的数行环片轮纹被鳞片前部的环片轮纹割断,这就是1个年轮。如果是较大的个体,在鳞片上相应存在数个年轮。

4) 依据年轮出现的数目,推算出该鱼的年龄。

4. 内部解剖与观察

将活鲫鱼(鲤鱼)置于解剖盘中,使其腹部向上,用手术刀在肛门前与体轴垂直方向剪一小口。使鱼侧卧,左侧向上,自肛门前的开口向背方剪到脊柱,沿侧线下方向前剪至鳃盖后缘,再沿鳃盖后缘剪至下颌,这样可将左侧体壁肌肉揭起,使心脏和内脏暴露。注意揭开左侧体壁前先将体腔膜与体壁分开,以使内脏器官与体壁分开时不致被损坏。用棉花拭净器官周围的血迹及组织液,置于盛水的解剖盘内观察,见图11-1。

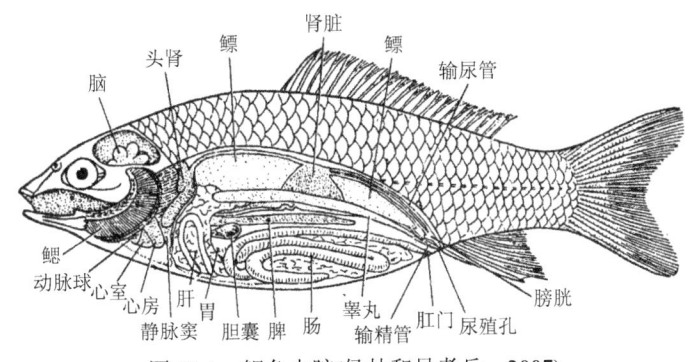

图11-1 鲤鱼内脏(侯林和吴孝兵,2007)

(1) 原位观察

在胸腹腔前方、最后1对鳃弓的腹方,有一小腔,为围心腔,它借横隔与腹腔分开。心脏位于围心腔内,心脏背上方有头肾。在胸腹腔里,脊柱腹方是白色囊状的鳔,覆盖在前、后鳔室之间的三角形暗红色组织,为肾脏的一部分。鳔的腹方是长形的生殖腺,在成熟个体,雄性为乳白色的精巢,雌性为黄色的卵巢。胸腹腔腹侧盘曲的管道为肠管,在肠管之间的肠系膜上,有暗红色、分散分布的肝胰脏,体积较大。在肠管和肝胰脏之间一细长红褐色器官为脾脏。

(2) 生殖系统

生殖系统由生殖腺和生殖导管组成。

1) 生殖腺。生殖腺外包有极薄的膜。雄性有精巢 1 对，性未成熟时往往呈淡红色，性成熟时为纯白色，呈扁长囊状；雌性有卵巢 1 对，性未成熟时为淡橙黄色，呈长带状，性成熟时呈微黄红色，呈长囊形，几乎充满整个腹腔，内有许多小型卵粒。

2) 生殖导管。生殖腺表面的膜向后延伸的短管，即输精管或输卵管。左右输精管或输卵管在后端汇合后通入泄殖窦，泄殖窦以泄殖孔开口于体外。

观察毕，移去左侧生殖腺，以便观察消化器官。

(3) 消化系统

消化系统包括口腔、咽、食管、肠和肛门组成的消化管及肝胰脏和胆囊等消化腺体。此处主要观察食管、肠、肛门和胆囊。

1) 食管。肠管最前端接于食管，食管很短，其背面有鳔管通入，并以此为食管和肠的分界点。

2) 肠。用圆头镊子将盘曲的肠管展开。肠为体长的 2~3 倍，肠的长度与食性有何相关性？肠的前 2/3 段为小肠，后部为大肠，最后一部分为直肠，直肠以肛门开口于臀鳍基部前方。但肠的各部外形区别不甚明显。

3) 胆囊。为一暗绿色的椭圆形囊，位于肠管前部右侧，大部分埋在肝胰脏内，掀动肝脏，从胆囊的基部观察胆管如何通入肠前部。

观察完毕，移去消化管及肝胰脏，以便观察其他器官。

4) 鳔。为位于腹腔消化管背方的银白色胶质囊，从头后一直伸展到腹腔后端，分前后 2 室，后室前端腹面发出一细长的鳔管，通入食管背壁。鳔有哪些功能？

观察毕，移去鳔，以便观察排泄器官。

(4) 排泄系统

排泄包括肾脏、输尿管和膀胱。

1) 肾脏。紧贴于腹腔背壁正中线两侧，1 对，为红褐色狭长形器官，在鳔的前、后室相接处，肾脏扩大使此处的宽度最大。每个肾的前端体积增大，向左右扩展，进入围心腔，位于心脏的背方，为头肾，是拟淋巴腺。

2) 输尿管。每个肾最宽处各通出 1 细管，即输尿管，沿腹腔背壁后行，在近末端处两管汇合通入膀胱。

3) 膀胱。两输尿管后端汇合后稍扩大形成的囊即为膀胱，其末端开口于泄殖窦。用镊子分别从臀鳍前的 2 个孔插入，观察它们进入直肠或泄殖窦的情况，由此可在体外判断肛门和泄殖孔的开口。

(5) 循环系统

主要观察心脏，血管系统略。

心脏位于两胸鳍之间的围心腔内，由 1 心室、1 心房和静脉窦等组成。

1) 心室。淡红色，其前端有一白色壁厚的圆锥形小球体，为动脉球，自动脉球向前发出 1 条较粗大的血管,为腹大动脉。

2) 心房。位于心室的背侧,暗红色,薄囊状。

3) 静脉窦。位于心房背侧面,暗红色,壁很薄,不易观察。

(6) 口腔与咽

将剪刀伸入口腔,剪开口角,除掉鳃盖,以露出口腔和鳃。

1) 口腔。口腔由上、下颌包围而成,颌无齿,口腔背壁由厚的肌肉组成,表面有黏膜,腔底后半部有一不能活动的三角形舌。

2) 咽。口腔之后为咽部,其左右两侧有 5 对鳃裂,相邻鳃裂间生有鳃弓,共 5 对。第 5 对鳃弓特化成咽骨,其内侧着生咽齿。齿式为 1.1.3/3.1.1(鲫鱼的咽齿仅 1 列,齿式为 4/4)。在观察鳃的步骤完成后,将外侧的 4 对鳃除去,暴露第 5 对鳃弓,可见咽齿与咽背面的基枕骨腹面角质垫相对,能夹碎食物。

(7) 鳃

鳃是鱼类的呼吸器官。鲤鱼的鳃由鳃弓、鳃耙、鳃片组成,鳃隔退化。

1) 鳃弓。位于鳃盖之内,咽的两侧,共 5 对。每鳃弓内缘凹面生有鳃耙;第 1~第 4 对鳃弓外缘并排长有 2 列鳃片,第 5 对鳃弓没有鳃片。

2) 鳃耙。为鳃弓内缘凹面上成行的三角形突起。第 1~第 4 对鳃弓各有 2 行鳃耙,左右互生,第 1 对鳃弓的外侧鳃耙较长。第 5 对鳃弓没有鳃耙。鳃耙有何功能?

3) 鳃片薄片状,鲜活时呈红色。每个鳃片被称为半鳃,长在同一鳃弓上的 2 个半鳃合称为全鳃。剪下 1 个全鳃,放在盛有少量水的培养皿内,置体视显微镜下观察。可见每一鳃片由许多鳃丝组成,每一鳃丝两侧又有许多突起状的鳃小片,鳃小片上分布着丰富的毛细血管,是气体交换的场所。横切鳃弓,可见 2 个鳃片之间退化的鳃隔。

(8) 脑

从两眼眶下剪,沿体长轴方向剪开头部背面骨骼,再在两纵切口的两端间横剪,小心地移去头部背面骨骼,用棉球吸去银色发亮的脑脊液,脑便显露出来。从脑背面进行观察,见图 11-2。

1) 端脑。由嗅脑和大脑组成。大脑分左右 2 个半球,呈小球状,位于脑的前端,其顶端各伸出 1 条棒状的嗅柄,嗅柄末端为椭圆形的嗅球,嗅柄和嗅球构成嗅脑。

2) 中脑。位于端脑之后,较大,受小脑瓣所挤而偏向两侧,各呈半月形突起,又称为视叶。用镊子轻轻托起端脑,向后掀起整个脑,可见在中脑位置的颅骨有 1 个陷窝,其内有一白色近圆形小颗粒,为内分泌腺脑垂体。用小镊子揭开陷窝上的薄膜,可取出脑垂体,用于其他研究。

3) 小脑。位于中脑后方,为一圆球形体,表面光滑,前方伸出小脑瓣突入中脑。

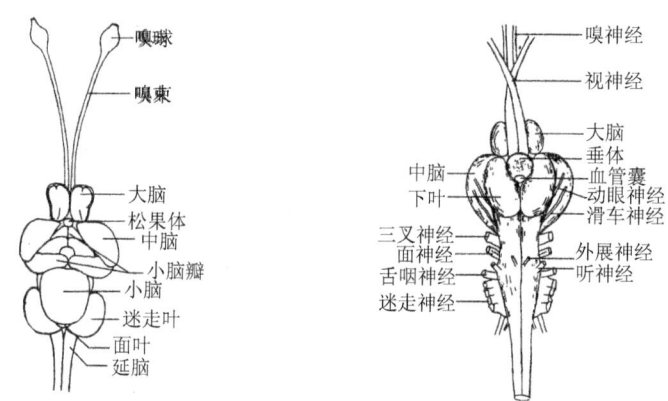

图 11-2　硬骨鱼类的脑(侯林和吴孝兵，2007)
A.背面观；B.腹面观

4) 延脑。是脑的最后部分，由 1 个面叶和 1 对迷走叶组成，面叶居中，其前部被小脑遮蔽，只能见到其后部，迷走叶较大，左右成对，在小脑的后两侧。延脑后部变窄，连接脊髓。

鲤(鲫)鱼脑的各组成部分有何机能？哪部分较发达，它与鱼类的生活有何联系？

【作业与思考题】

1. 记录鱼体外型测量的各项数据。
2. 根据原位观察，绘制鲫鱼的内部解剖图，并注明各器官名称。
3. 试述鱼类适应水生生活的形态结构特征。

实验 12　牛蛙的解剖观察

【目的与要求】

1. 通过对成蛙外形和内部构造的观察,了解两栖类的主要特征。
2. 学习双毁髓处死蛙类的方法以及蛙类的一般解剖技术。

【器材、试剂及材料】

解剖盘,蜡盘,解剖剪,培养皿,各种镊子,手术刀,放大镜,大头针,吸水纸,棉花等。

牛蛙(*Lithobates catesbeiana*)。

【内容与操作】

1. 蛙的外形

(1) 外形

将活蛙静伏于蜡盘内,观察其身体,可分为头、躯干和四肢3部分。

1) 头部。蛙头部扁平,略呈三角形,吻端稍尖。口宽大,横裂型,由上下颌组成。上颌背侧前端有1对外鼻孔,外鼻孔缘具鼻瓣,观察鼻瓣如何运动?鼻瓣的运动与口腔底部的动作有何关系?眼大而突出,生于头的左右两侧,具上、下眼睑,下眼睑内侧有一半透明的瞬膜。轻触眼睑,观察上、下眼睑和瞬膜是否活动,怎样活动?眼睑和瞬膜的出现对陆上生活有何适应意义?当眼睑闭合时,眼球位置有何变动?两眼后方各有一圆形鼓膜。雄蛙口角后方各有一浅褐色膜襞为声囊,鸣叫时鼓成泡状。

2) 躯干部。鼓膜之后为躯干部。蛙的躯干部短而宽,躯干后端两腿之间,偏背侧有一小孔,为泄殖腔孔。

3) 四肢。前肢短小,从近体侧起,依次区分为上臂、前臂、腕、掌、指5部。4指,指间无蹼,指端无爪。生殖季节雄蛙第1指基部内侧有一膨大突起,称为婚瘤,为抱对之用。后肢长而发达,从近体侧起,依次区分为股、胫、跗、跖、趾5部。5趾,趾间有蹼。在第1趾内侧有一较硬的角质化突起,称为踝状距。后肢在蛙体的哪些运动中起主要作用?

根据以上观察,从外形上如何区别雄蛙和雌蛙?

(2) 皮肤

蛙背面皮肤粗糙,背中央常有1条窄而色浅的纵纹,两侧各有1条色浅的背侧褶。背面皮肤颜色变异较大,有黄绿色、深绿色、灰棕色等,并有不规则黑斑。腹面皮肤光滑,白色。

1) 用手抚摸活蛙的皮肤，有黏滑感，其黏液由皮肤腺分泌。保持皮肤的湿润对蛙的生活有何意义？又有何不利？

2) 在显微镜下观察蛙的皮肤切片，可见皮肤由表皮和真皮组成。表皮分为角质层和生发层。角质层裸露在体表，极薄，由扁平细胞构成。角质层下为柱状细胞构成的生发层。表皮中尚有腺体的开口和少量色素细胞。真皮位于表皮之下，其厚度约为表皮的3倍，由结缔组织组成，可分为紧贴表皮生发层的疏松层及其下方的致密层。真皮中有许多色素细胞、多细胞腺体、血管和神经末梢等。

3) 在后面剥离蛙皮的步骤中，注意皮肤与皮下肌肉的连接程度，蛙皮易剥吗？为什么？蛙皮肤内分布的血管丰富吗？有何意义？

2. 蛙的内部构造(图 12-1)

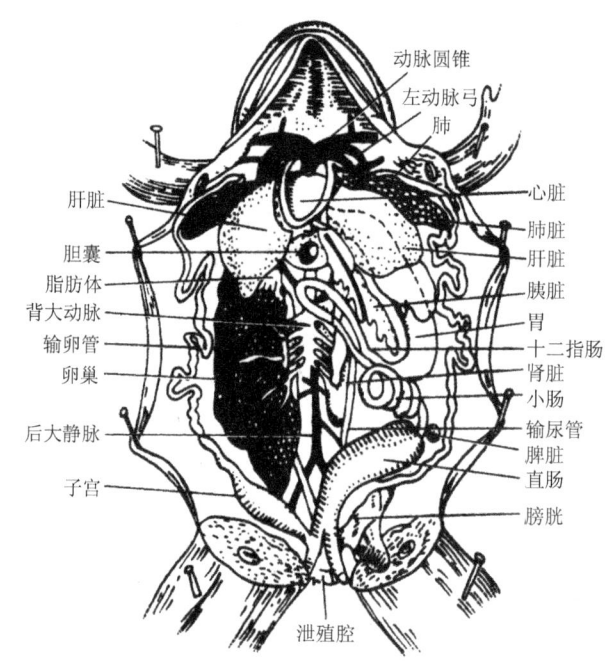

图 12-1 蛙的内脏(引自侯林)

(1) 肌肉系统

将双毁髓蛙腹面向上置于解剖盘内，展开四肢。左手持镊，夹起腹面后腿基部之间泄殖腔孔稍前方的皮肤，右手持剪剪开一切口，由此处沿腹中线向前剪开皮肤，直至下颌前端。然后在肩带处向两侧剪开并剥离前肢皮肤；在股部做一环形切口，剥去皮肤至足部。观察腹壁和四肢的主要肌肉。

1) 腹壁表层主要肌肉。①腹直肌：位于腹部正中幅度较宽的肌肉，肌纤维纵行，起于耻骨联合，止于胸骨。该肌被其中央纵行的结缔组织白线(腹白线)分为左右两半，每半又被横行的 4 或 5 条腱划分为几节。②腹斜肌：位于腹直肌两侧的薄片肌肉，分内外 2 层。腹外斜肌纤维由前背方向腹后方斜行。轻轻划开腹外斜肌可见到其内层的腹内斜肌，腹内斜肌纤维走向与腹外斜肌相反。③胸肌：位于腹直肌前方，呈扇形。起于胸骨和腹直肌外侧的腱膜，止于肱骨。

2) 前肢肱部肌肉——肱三头肌。位于肱部背面，为上臂最大的一块肌肉。起点 3 个肌头，分别起于肱骨近端的上、内表面，肩胛骨后缘和肱骨的外表面，止于桡尺骨的近端。它是伸展和旋转前臂的重要肌肉。

3) 后肢肌肉，先观察股部(大腿部)主要肌肉。①股薄肌：位于大腿内侧，几乎占据大腿腹面的一半，可使大腿向后的小腿伸屈。②缝匠肌：位于大腿腹面中线的狭长带状肌，肌纤维斜行，起于髂骨和耻骨愈合处的前缘，止于胫腓骨近端内侧。收缩时可使小腿外展，大腿末端内收。③股三头肌：位于大腿外侧最大的一块肌肉，可将标本由腹面翻到背面来观察。起点有 3 个肌头，分别起自髂骨的中央腹面、后面，以及髋臼的前腹面，其末端以共同的肌腱越过膝关节止于胫腓骨近端下方。收缩时，可使小腿前伸和外展。④股二头肌：一狭条肌肉，介于半膜肌和股三头肌之间且大部分被它们覆盖。起于髂骨背面正当髋臼的上方，末端肌腱分为两部分，分别附着于股骨的远端和胫骨的近端。收缩时能屈曲小腿和上提大腿。⑤半膜肌：位于股二头肌后方的宽大肌肉，起于坐骨联合的背缘，止于胫骨近端。收缩时能使大腿前屈或后伸，并能使小腿屈曲或伸展。再观察胫部(小腿部)主要肌肉。⑥腓肠肌：小腿后面最大的一块肌肉，是生理学中常用的实验材料。起点有大、小 2 个肌头，大的起于股骨远端的屈曲面，小的起于股三头肌止点附近，其末端以一跟腱越过跗部腹面，止于跖部。收缩时能屈曲小腿和伸足。⑦胫前肌：位于胫腓骨前面。起于股骨远端，末端以两腱分别附着于跟骨和距骨。收缩时能伸直小腿。⑧腓骨肌：位于胫腓骨外侧，介于腓肠肌和胫前肌之间。起于股骨远端，止于跟骨。收缩时能伸展小腿。⑨胫后肌：位于腓肠肌内侧前方。起于胫腓骨内缘，止于距骨。收缩时能伸足和弯足。⑩胫伸肌：位于胫前肌和胫后肌之间。起于股骨远端，止于胫腓骨，收缩时能使小腿伸直。

(2) 口咽腔

口咽腔为消化和呼吸系统共同的器官。

1) 舌。左手持镊将蛙的下颌拉下，可见口腔底部中央有一柔软的肌肉质舌，其基部着生在下颌前端内侧，舌尖向后伸向咽部。右手用镊子轻轻将舌从口腔内向外翻拉出展平，可看到蛙的舌尖分叉，用手指触舌面有黏滑感。蛙舌怎样捕食？

用剪刀剪开左右口角至鼓膜下方，令口咽腔全部露出。

2) 内鼻孔。1 对椭圆形孔，位于口腔顶壁近吻端处，取 1 鬃毛从外鼻孔穿入，可见鬃毛由内鼻孔穿出，内鼻孔的出现有何意义？

3) 齿。沿上颌边缘有 1 行细而尖的牙齿，齿尖向后，即颌齿；在 1 对内鼻孔之间有 2 丛细齿，为犁齿。蛙齿作用如何？

4) 耳咽管孔。位于口腔顶壁两侧、口角附近的 1 对大孔，为耳咽管开口，用镊子由此孔轻轻探入，可通到鼓膜。

5) 声囊孔。雄蛙口腔底部两侧口角处、耳咽管孔稍前方，有 1 对小孔即声囊孔。

6) 喉门。在舌尖后方，咽的腹面有 1 圆形突起，该突起由 1 对半圆形杓状软骨构成，两软骨间的纵裂即喉门，是喉气管室在咽部的开口。

7) 食道口。喉门的背侧，咽的最后部位即食道前端的开口，为一皱襞状开口。

观察完口咽腔后，用镊子将两后肢基部之间的腹直肌后端提起，用剪刀沿腹中线稍偏左自后向前剪开腹壁(这样不致损坏位于腹中线上的腹静脉)，剪至剑胸骨处时，再沿剑胸骨的两侧斜剪，剪断乌喙骨和肩胛骨。用镊子轻轻提起剑胸骨，仔细剥离胸骨与围心膜间的结缔组织，注意勿损伤围心膜，最后剪去胸骨和胸部肌肉。

将腹壁中线处的腹静脉从腹壁上剥离开，再将腹壁向两侧翻开，用大头针固定在蜡盘上。此时可见位于体腔前端的心脏、心脏两侧的肺、心脏后方的肝脏，以及胃、膀胱等器官。

(3) 消化系统

1) 肝脏。红褐色，位于体腔前端，心脏的后方，由较大的左右两叶和较小的中叶组成。在中叶背面，左右两叶之间有一绿色圆形小体，即胆囊。用镊子夹起胆囊，轻轻向后牵拉，可见胆囊前缘向外发出 2 根胆囊管，1 根与肝管连接，接收肝脏分泌的胆汁；1 根与总输胆管相接，胆汁经总输胆管进入十二指肠。提起十二指肠，用手指挤压胆囊，可见有暗绿色胆汁经总输胆管进入十二指肠。

2) 食管。将心脏和左叶肝脏推向右侧，用钝头镊子自咽部的食管口插入，可见心脏背方乳白色短管与胃相连，此管即食管。

3) 胃。为食管后端所连的 1 个稍弯曲的膨大囊状体，部分被肝脏遮盖。胃与食管相连处称为贲门；胃与小肠交接处紧缩变窄，为幽门。胃内侧的小弯曲，称为胃小弯，外侧的弯曲称为胃大弯，胃中间部称为胃底。

4) 肠。可分为小肠和大肠两部分。小肠自幽门后开始，向右前方伸出一段为十二指肠，其后向右后方弯转并继而盘曲在体腔右后部，为回肠。大肠接于回肠，膨大而陡直，又称为直肠，直肠向后通泄殖腔，以泄殖腔孔开口于体外。

5) 胰脏。为 1 条长形不规则的呈淡红色或黄白色的腺体，位于胃和十二指肠间的弯曲处肠系膜上。

6) 脾。在直肠前端的肠系膜上，有一红褐色球状物，即脾，它是一淋巴器官，与消化无关。

(4) 呼吸系统

成蛙为肺皮呼吸。皮肤有哪些适应于呼吸的结构特点？呼吸系统包括鼻腔、口腔、喉气管室和肺等器官,其中鼻腔和口腔已于口咽腔处观察过。

1) 喉气管室。左手持镊轻轻将心脏往后撑,右手用钝头镊子自咽部喉门处通入,可见心脏背方一短粗略透明的管子,即喉气管室,其后端通入肺。

2) 肺。为位于心脏两侧的 1 对粉红色、近椭圆形的薄壁囊状物。剪开肺壁可见其内表面呈蜂窝状,其上密布微血管。联系外、内鼻孔的位置,鼻瓣的开闭和口咽腔底壁的升降动作,想想蛙是怎样进行咽式呼吸的。

(5) 泄殖系统

将消化系统移向一侧,再行观察。蛙为雌雄异体,观察时可互换不同性别的蛙。

1) 排泄器官。①肾脏:为 1 对红褐色长而扁平分叶的器官,位于体腔后部,紧贴背壁脊柱的两侧。将其表面的体腔膜剥离开,即清楚可见(肾的腹缘有 1 条橙黄色的肾上腺,为内分泌腺体)。②输尿管:为两肾外缘近后端发出的 1 对薄壁的灰色细管,它们向后伸延,分别通入泄殖腔背壁。③膀胱:为位于体腔后端腹面中央,连附于泄殖腔腹壁的 1 个两叶状薄壁囊。膀胱被尿液充盈时,其形状明显可见,当膀胱空虚时,用镊子将它放平展开,也可看到其形状。④泄殖腔:为粪、尿和生殖细胞共同排出的通道,以单一的泄殖腔孔开口于体外。沿腹中线剪开耻骨,进一步暴露泄殖腔,剪开泄殖腔的侧壁并展开腔壁,用放大镜观察腔壁上输尿管、膀胱以及雌蛙输卵管通入泄殖腔的位置。输尿管和膀胱直接相通吗?想想尿液如何流入膀胱和排出体外?

2) 雄性生殖器官。①精巢:1 对,位于肾脏腹面内侧,近白色,卵圆形,其大小随个体和季节的不同而有差异。②输精小管和输精管:用镊子轻轻提起精巢,可见由精巢内侧发出的许多细管即输精小管,它们通入肾脏前端。雄蛙的输尿管兼输精。③脂肪体:位于精巢前端的黄色指状体,其体积大小在不同季节里变化很大。它有何作用?

3) 雌性生殖器官。①卵巢:1 对,位于肾脏前端腹面。形状、大小因季节不同而变化很大,在生殖季节极度膨大,内有大量黑色卵,未成熟时淡黄色。②输卵管:为 1 对长而迂曲的管子,乳白色,位于输尿管外侧。其前端以喇叭状开口于体腔;后端在接近泄殖腔处膨大成囊状,称为"子宫","子宫"开口于泄殖腔背壁。③脂肪体:1 对,与雄性的相似,黄色,指状,临近冬眠季节时体积很大。

(6) 心脏及其周围血管

心脏位于体腔前端胸骨背面,被包在围心腔内,其后是红褐色的肝脏。在心脏腹面用镊子夹起半透明的围心膜并剪开,心脏便暴露出来。从腹面观察心脏的外形及其周围血管。

1) 心房。为心脏前部的 2 个薄壁有皱襞的囊状体,左右各 1。

2) 心室 1 个,连于心房之后的厚壁部分,圆锥形,心室尖向后。在两心房和心室交界处有一明显的凹沟,称为冠状沟,紧贴冠状沟有黄色脂肪体。

3) 动脉圆锥。为心室腹面右上方发出的 1 条较粗的肌质管,色淡。其后端稍膨大,与心室相通。其前端分为 2 支,即左右动脉干。

用镊子轻轻提起心尖,将心脏翻向前方,观察心脏背面,可见静脉窦。

4) 静脉窦。为心脏背面一暗红色三角形的薄壁囊。在心房和静脉窦之间有 1 条白色半月形界线即窦房沟。其左右 2 个前角分别连接左右前大静脉,后角连接后大静脉。静脉窦开口于右心房。在静脉窦的前缘左侧,有很细的肺静脉注入左心房。

心脏的内部结构在血管系统观察后进行。若为繁殖季节的蛙,可将雌体内的卵巢摘除后,再观察血管系统。

(7) 动脉系统

用镊子剥离心脏前方左右动脉干周围的肌肉和结缔组织,可见左右动脉干穿出围心腔后,每支又分成 3 支,即颈(总)动脉弓、体动脉弓和肺皮动脉弓。

1) 颈(总)动脉弓及其分支。颈(总)动脉弓是由动脉干发出的最前面的 1 支血管。沿血管走向,用镊子清除其周围的结缔组织,即可见此血管前行不远,便分为外颈动脉和内颈动脉 2 支:①外颈动脉,由颈(总)动脉内侧发出,较细,直伸向前,分布于下颌和口腔壁。②内颈动脉,由颈(总)动脉外侧发出的 1 支较粗的血管,其基部膨大成椭圆形,称为颈动脉腺,此腺体有何作用?内颈动脉继续向外前侧延伸到脑颅基部,再分出血管,分布于脑、眼、上颌等处。

2) 肺皮动脉弓。由动脉干发出的最后面的 1 支动脉弓,它向背外侧斜行,仔细剥离其周围结缔组织,可见此动脉又分为粗细不等的 2 支:①肺动脉,较细,直达肺囊,再沿肺囊外分散成许多微血管,分布到肺壁上。②皮动脉,较粗,先向前伸,然后跨过肩部穿入背面,以微血管分布到体壁皮肤。

3) 体动脉弓及其分支。体动脉弓是从动脉干发出的 3 支动脉的中间 1 支,最粗。左右体动脉弓前行不远就绕过食管两旁转向背方,沿体壁后行到肾脏的前端,汇合成 1 条背大动脉,将胃肠轻轻翻向右侧,即可见到汇合处。背大动脉后行途中再进行分支。

左右体动脉脉弓汇合前发出的主要分支依前后顺序有:①喉动脉,是由体动脉弓内侧靠颈动脉弓起点处分出的 1 支很细的动脉,通到喉部腹壁。用镊子将体动脉弓与颈动脉分叉处的血管略向外侧掀开即可见到。②枕椎动脉,沿体动脉弓弯转背面的走向继续剥离,可见自体动脉弓外侧发出 1 支小血管,此即枕椎动脉。它走行不远即分为 2 支,1 支向前行分布于头部,称为枕动脉;另 1 支向后行称为椎动脉,分布于脊髓、脊神经及背皮肤和肌肉。③锁骨下动脉,为体动脉弓发出的 1 支较粗的血管,靠近枕椎动脉的外后方,向外斜行进入前肢成为肱动脉。左右体动脉弓汇合成背大动脉后,由前至后端,沿途发出的分支有:④腹腔肠系膜动脉,为背大动脉在体腔内的第 1 个分支,是从背大动脉基部腹面发出的 1 支较粗短的血管(有时此动脉在两体动脉弓汇合之前,从左体动脉弓上发出)。此血管随即分为前后2支,前支称为腹腔动脉,它再行分支分布到胃、肝、胰和胆囊;后支称为前肠系膜动脉,分布到肠系膜、肠、脾和泄殖腔处。⑤泄殖动脉,是背大动脉后行经过两肾之间时,从其腹面发出的多对细小的血管,分布到肾脏、生殖腺和脂肪体上。观察时,用镊子轻轻将背大动脉腹方的后大静脉和肾静脉略挑起,便可清楚地看到。⑥腰动脉,在荐骨部从背大动脉背侧发出的1~4对细小的动脉。将左肾翻向体腔右侧,用镊子轻轻挑起背大动脉,可见这些小血管分布到体腔的背壁。⑦后肠系膜动脉,继续沿背大动脉远端追踪,可见从背大动脉近末端(分叉处前)的腹面发出1条很细的血管,分布到后部的肠系膜、直肠(雄性)或子宫(雌性)上,此即后肠系膜动脉。⑧总髂动脉,将内脏推向体腔的一侧,可见背大动脉在尾杆骨中部分成左右两大支,即左、右总髂动脉,分别进入左、右后肢。沿腹中线剪断耻骨,沿一侧总髂动脉走行,分离大腿基部肌肉,可见此动脉进入大腿后又分成2支:外侧1支细小,称为股动脉或髂外动脉,分布于大腿前部的肌肉和皮肤上;内侧1支粗大,称为臀动脉或髂内动脉,它先与坐骨神经伴行,至膝弯处又进行分支,分布到小腿的内、外侧。

(8) 静脉系统

静脉多与动脉并行。可分为肺静脉、体静脉和门静脉3组来观察。

1) 肺静脉。用镊子提起心尖,将心脏折向前方,可见左右肺的内侧各伸出1根细的静脉,右边的略长,在近左心房处,2支细静脉汇合成1支很短的总肺静脉,通入左心房。

2) 体静脉。包括左右对称的1对前大静脉和1条后大静脉。将心脏折向前方,于心脏背面观察。位于心脏两侧,分别通入静脉窦左右角的2支较粗的血管,即左、右前大静脉,通入静脉窦后角的1支粗血管,即后大静脉。①前大静脉:每侧前大静脉由心脏前侧方的3支静脉汇合而成;外颈静脉:位于最前方,接受来自颈部和舌部的静脉血,与外颈动脉并行;无名静脉:中间1支,由来自外侧方的2支合成,1支为内颈静脉,来自脑匣,与内颈动脉并行,另1支为肩胛下静脉,接收肩部和前臂的许多小支流;锁骨下静脉:为3支中最大的1支,位于最后,由来自前肢的臂静脉和收集皮肤血液的皮静脉汇合而成,与锁骨下动脉并行。②后大静脉:将肠翻向右侧,可看到肠背侧有1条纵行的粗大静脉,即后大静脉。它起于两肾之间,在背大动脉的腹面,沿背中线前行,进入静脉窦的后角。由后向前沿途接收以下静脉:生殖腺静脉,卵巢静脉或精巢静脉,是由卵巢或精巢发出的2~4对小血管,或先入肾静脉,或直接进入后大静脉。此血管较细,一般不易观察到;肾静脉,由每个肾内侧发出的4~6条血管,汇入位于两肾之间的后大静脉;肝静脉,由肝脏发出的左右各1条短而粗的血管,进入后大静脉接近静脉窦的部位。

3) 门静脉。包括肾门静脉和肝门静脉。它们接受来自后肢和消化器官的静脉，汇入肾脏和肝脏，并在肾脏和肝脏中再度分散成毛细血管。①肾门静脉。是位于左右肾脏外缘的 1 对静脉。沿一侧肾脏外缘向后追踪，可见此血管由来自后肢的 2 条静脉，即臀静脉和髂静脉汇合而成，髂静脉为股静脉的 1 个分支。臀静脉：位于大腿基部内侧的 1 条血管，较细，与臀动脉并行。股静脉：位于大腿外侧的 1 条较粗的静脉，大腿基部分成内外 2 支进入体腔，内侧的 1 支为骨盆静脉，外侧的 1 支称为髂静脉。髂静脉和臀静脉汇合成肾门静脉，肾门静脉在肾脏外缘接受 1 支来自体壁的背腰静脉后，分成许多小支入肾，再分散成微血管。②肝门静脉。将肝脏翻折向前，可见肝后面的肠系膜内有 1 条短而粗的血管入肝，此即肝门静脉。仔细向后分离追踪，可见此血管是由来自胃和胰的胃静脉、来自肠和系膜的肠静脉和来自脾脏的脾静脉汇合而成的。肝门静脉前行至肝脏附近与腹静脉合并入肝。腹静脉为位于腹壁中线处，介于腹白线和腹腔膜之间的 1 条静脉，其后端由来自后肢的左右骨盆静脉汇合而成。此静脉沿腹中线前行至剑胸骨附近，离开腹壁转入体腔。将肝脏翻折向前，可见腹静脉伸到肝，在胆囊左方分成 3 支，其中，2 支分别入肝的左右叶，1 支汇入肝门静脉。

观察血管分布以后，用镊子提起心脏，用剪刀将心脏连同一段出入心脏的血管剪下，用水将离体心脏冲洗干净，置体视显微镜下，用手术刀切去心室、心房和动脉圆锥的腹壁，观察心脏和动脉圆锥的内部结构。

(9) 心脏的内部结构

1) 心瓣膜。在心房和心室之间有一房室孔，以沟通心室与心房，在房室孔周围可见有 2 片大型和 2 片小型的膜状瓣，称为房室瓣。蛙是变温动物与其心脏结构有关吗？为什么？在心室和动脉圆锥之间也有 1 对半月形的瓣膜，称为半月瓣。可用镊子轻轻提起瓣膜观察。此外，在动脉圆锥内有 1 个腹面游离的纵行瓣膜，称为螺旋瓣。这些瓣膜各有何作用？

2) 在左右心房背壁上寻找肺静脉通入左心房的开口和静脉窦通入右心房的开口，用鬃毛分别从这两个开孔探入肺静脉和静脉窦进行观察。

(10) 示范

1) 神经系统。观察蛙的神经系统标本，了解脑和脊髓的结构，外周神经和中枢神经的关系。

2) 骨骼系统。观察蛙的骨骼标本。

【作业与思考题】

1. 通过实验观察，列表并绘图说明不同类型血管的形态、血流特点及其所适应的生理机能。

2. 通过实验总结两栖类初步适应陆生生活及适应又不够完善的形态结构特征。

实验13 脊髓反射和反射弧的分析

【目的与要求】
1. 通过脊动物反射活动的观察，了解并掌握反射弧的组成及各部分的机能。
2. 认识脊髓反射的基本特征。

【实验原理】
在中枢神经系统的参与下，机体对刺激所作出的规律性应答称为反射。反射活动的结构基础是反射弧。典型的反射弧由感受器、传入神经、神经中枢、传出神经和效应器5个部分组成。引起反射的首要条件是反射弧必须保持完整性，任何一部分出现障碍或遭到破坏，反射活动将不再出现。较复杂的反射需要由中枢神经系统较高级的部位整合才能完成，较简单的反射只需中枢神经系统中较低级的部位就能完成。脊髓是中枢神经系统的最低级部位，它的机能也最简单。将动物的高位中枢切除，仅保留脊髓的动物称为脊动物，脊动物产生的各种反射活动为单纯的脊髓反射。由于脊髓已失去了高级中枢的正常调控，所以反射活动比较简单，便于观察和分析反射过程的某些特征。

【器材、试剂及材料】
解剖剪，毁髓针，剪刀，手术剪，蜡盘，蛙板，大头针，支架，蛙嘴夹或细铁丝，烧杯，玻璃分针，纱布，棉球，滤纸片。

0.5%硫酸，1%硫酸，1%可卡因，任氏液，清水。

蟾蜍(或牛蛙)。

【内容与操作】
1. 制备脊蛙
制备脊蛙有两种方法。
(1) 单毁髓

左手握住蟾蜍(或牛蛙)(可用纱布包裹蟾蜍躯干部)，背部向上，用拇指压住蟾蜍(或牛蛙)的背部，食指按压其头部前端，使头端向下低垂；右手食指指尖，从蟾蜍(或牛蛙)背部的前端向后端沿中线向后用力划，找出两耳中间的凹陷处，此处即是枕骨大孔的位置。将毁髓针由凹陷处垂直刺入，即可进入枕骨大孔，然后将针尖转成平行向前，刺入颅腔，在颅腔内搅动，以捣毁脑组织。若毁髓针在颅腔内，可以明显感到针尖触及颅骨，有阻碍的感觉。

(2) 断头法
用剪刀从口角伸入，于枕骨大孔处剪断蟾蜍(或牛蛙)头，留下下颌。用蛙嘴

夹夹住下颌(或用细铁丝穿过下颌)，将脊蛙悬挂在支架上(图 13-1)

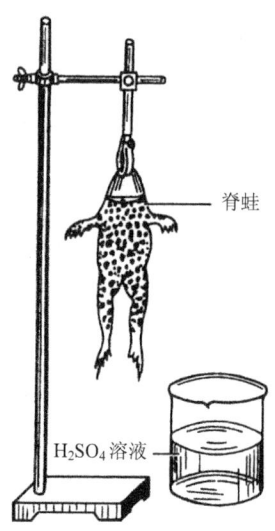

图 13-1 用 0.5%硫酸浸足趾尖屈肌反射(吴敏和黄诗笺，2005)

2. 脊髓反射活动的观察

(1) 屈反射

1) 用镊子轻轻夹一下蛙的后肢，该后肢立即回缩。

2) 将蛙的右后肢最长趾浸入烧杯内 0.5%的硫酸溶液中，右后肢回缩。立即用清水清洗掉脚趾上残余的硫酸，并用纱布轻轻擦干，用同样的方法刺激左后肢最长趾，观察是否也出现屈反射。

(2) 搔扒反射

将浸没 1%的硫酸溶液的小纸片贴在蟾蜍腹部或背部的皮肤上，蟾蜍的四肢都向纸片处搔扒，直至纸片被除去为止。

3. 反射弧的分析

(1) 用手术剪在蛙左侧后肢踝关节部皮肤做一环形切口，将切口以下皮肤剥净，直至趾端(必须彻底剥干净)，再以 0.5%的硫酸刺激左侧后肢最长趾，观察左后肢，结果如何？再用浸没 1%的硫酸溶液的小纸片贴在左后肢环形切口以上的皮肤上，左后肢动不动？分析原因。

(2) 麻醉坐骨神经。从支架上取下脊蛙，将它腹位固定在蛙板上，沿坐骨神经走向在右侧大腿后面切开皮肤，用玻璃分针拨开肌肉，暴露坐骨神经。再用玻璃分针将坐骨神经挑起，用浸没 1%的可卡因(局部浸润麻醉药)的棉球包裹。将脊蛙挂回支架，然后每间隔 1 min，用 0.5%的硫酸刺激右侧最长趾，观察屈腿反射是否出现。用清水冲洗干净右侧最长趾残余的硫酸，再重复刺激一次，观察结果。用清水冲洗干净右长趾，马上用浸没1%的硫酸溶液的小纸片贴在蟾蜍背部皮肤，观察搔扒反射是否出现？分析实验结果。

(3) 毁脊髓。从支架上取下脊蛙，用毁髓针捣毁脊髓，观察到蛙后肢突然蹬直而后瘫软时即表明脊髓被破坏完全。拔出毁髓针，用棉球堵住针孔止血。取出浸没1%的可卡因(局部浸润麻醉药)的棉球，用任氏液冲洗干净坐骨神经。然后用1%的硫酸溶液刺激身体任何部位，观察脊蛙的反应。分析实验结果。

【作业与思考题】

1. 将实验结果填入表 13-1。

表 13-1　脊髓反射观察记录

刺激	观察记录	脊髓反射
镊子夹(　)后肢		(　)反射
0.5%的硫酸溶液浸右后肢最长趾		(　)反射
1%的硫酸小纸片贴在腹部或背部皮肤上		(　)反射

2. 反射弧的分析(表 13-2)

表 13-2　反射弧的分析

实验处理	刺激	观察记录	分析
剥去蛙左侧后肢踝关节部以下皮肤	0.5%硫酸溶液浸左后肢最长趾		
	1%硫酸小纸片贴在腹部或背部皮肤上		
麻醉右后肢坐骨神经	0.5%硫酸溶液浸右后肢最长趾		
	1%硫酸小纸片贴在右后肢皮肤上		
毁脊髓	用1%硫酸刺激脊蛙身体的任何部位		

3. 用脊髓反射及反射弧来分析实验中出现的现象。

实验14　人体动脉血压的测定

【目的与要求】

1. 学习并掌握间接测量人体血压的原理与方法。
2. 了解影响人体动脉血压的因素。

【实验原理】

血压是指血液施加于血管壁的侧压力，动脉血管内的血压称为动脉血压，这就是临床上所谓的血压，代表周身循环(体循环)的血压，心室收缩时动脉内压力最高，称为收缩压；心室舒张时，动脉内压力逐渐下降到最低，称为舒张压。收缩压与舒张压之差，称为脉压。血压的高低主要取决于外周血管阻力、大动脉壁的弹性、心搏出量及心肌收缩力。

通常血压在血管内流动时并没有声音，但当外加压力使血管变窄形成血液涡流时，则可发生声音(血管音)。因此，可以根据血管音的变化来测量动脉血压。测定人体动脉血压最常用的方法是使用血压计间接测定。测压时，用压脉带在上臂加压，当外加压力超过动脉的收缩压时，动脉血流完全被阻断，此时在动脉处听不到任何声音。当外加压力等于或稍低于动脉内的收缩压而高于舒张压时，则在心脏收缩时，动脉内可有少量的血流通过，而心室舒张时却无血流通过。血液断续地通过血管时，会发出声音。故恰好可以完全阻断血流的最小外加压力(发生第一次声音时的压力)相当于收缩压。当外加压力等于或小于舒张压时，血管内的血液连续通过，所发出的音调会突然降低或声音消失。在心室舒张时有少量血流通过的最大管外压力(音调突然降低时的压力)相当于舒张压。

健康人在安静状态时的动脉血压较稳定，但存在个体、性别和年龄差异。同一个体在不同生理状态下，动脉血压值也可发生变化。我国健康青年人在安静状态时的收缩压为 13.3~16.0 kPa(100~120 mmHg)，舒张压为 8.0~10.6 kPa(60~80 mmHg)，脉搏压为 4.0~5.3 kPa(30~40 mmHg)。

【器材、试剂及材料】

台式血压计，听诊器，水桶，冷水。

【方法与步骤】

1. 将台式血压计前面的按钮按下，打开血压计，把压脉带和橡皮球拿出放在桌上。
2. 将橡皮球上的螺丝松开，将压脉带里的空气放干净，再将螺丝拧紧。
3. 受试者(测试前需静坐 10 min)脱去左侧衣袖，坐直，将左手(手心朝上)平放于桌子上，肘关节与心脏保持在一个平面上。将压脉带缠在受试者的左上臂，下沿离肘关节 2 cm，松紧适宜。

4. 戴上听诊器，将听诊器的耳器与外耳道的方向一致。

5. 用右手的食指和中指触压肘窝内搏动的侧肱动脉，将听诊器胸器置于搏动处。

6. 挤压橡皮球开始向压脉带内加压充气，使血压计水银柱逐渐上升到 180~200 mmHg 时，即开始松开橡皮球的螺丝帽，慢慢放气，在水银柱缓慢下降的同时，仔细听诊(图 14-1)。在听到第一声"嘭…"的音时，血压计所显示的刻度即为收缩压。继续慢慢放气，仔细倾听听诊器内血管音的一系列变化：声音先是由无到有，然后由低到高，而后突然变低，最后完全消失。如此反复进行 2 或 3 次。当声音由高突然变低的瞬间称为变调点，此时血压计上所示的刻度即为舒张压。变调点之后，声音进一步减弱以至消失，声音消失的瞬间，称为消音点，舒张压一般以变调点的读数为准，但有时也同时记录变调点与消音点的读数(一般两点相差为 5~10 mmHg)。重复上述步骤 2 或 3 次，将平均值填入表 14-1。

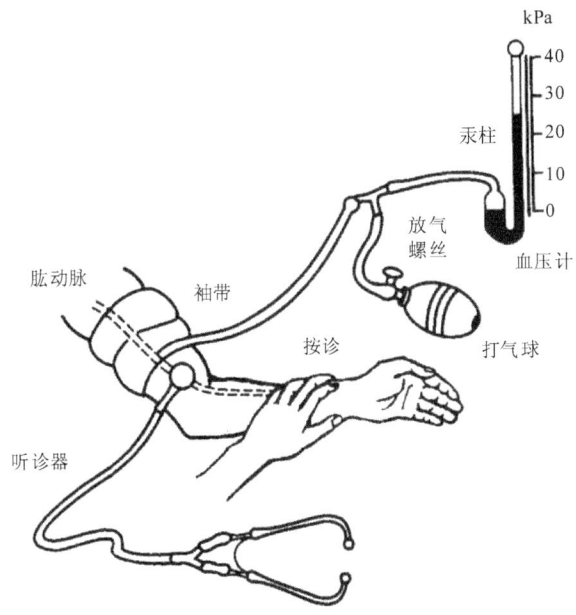

图 14-1 人体动脉血压测量示意图(吴敏和黄诗笺，2005)

7. 结果记录。正常的动脉血压记录常以收缩压/舒张压 mmHg 表示，如 120/80~75 mmHg，120 mmHg 代表收缩压，80 mmHg 代表舒张压(变调点读数)，75 mmHg 代表舒张压(消音点读数)。

8. 体位的改变对血压的影响。体位改变反映重力对血液的影响发生变化，通过对血压的调节，保持适宜的器官血流量。①受试者仰卧于实验台上，休息 5 min 后测量其血压，并将测量数值记入表 14-1。②受试者取立正姿势 15 min，其间每隔 5 min 测量血压一次,并将测量数值记入表 14-1。

表 14-1　人体血压记录表

观察项目		血压/mmHg	
		收缩压	舒张压
体位	坐位		
	仰卧		
	站立		
呼吸	深呼吸		
	加快呼吸频率		
运动			
手浸入冷水中			

9. 呼吸对血压的影响。①深呼吸对血压的影响：向压脉带内打气加压后，徐徐放气到听见收缩压的血管音为止，扭紧打气球螺丝。让受试者作缓慢的深呼吸 1 min，而后马上测量其血压，并将测量数值记入表 14-1。②加快呼吸频率：向压脉带内打气加压后，徐徐放气到听见收缩压的血管音为止，扭紧打气球螺丝。让受试者作快速呼吸 1 min，而后马上测量其血压，并将测量数值记入表 14-1。

10. 运动对血压的影响。让受试者做原地蹲起运动，1 min 内完成 30 次，共做 2 min。然后立即测量其血压，并记入表 14-1。

11. 冷刺激对血压的影响。受试者取坐位，测量其血压。令受试者的手浸入 4℃ 左右的冷水中至腕部以上，经 60 s 后测量其血压，将测量数值记入表 14-1。

【作业与思考题】

1. 体位及呼吸的改变使血压发生了什么样的变化？试分析变化的原因。
2. 冷水浸入手腕以上部位与冷水仅仅浸入手掌部位相比，血压会不同吗？试分析原因。
3. 运动前后血压有什么不同？其机制如何？
4. 为什么不能在短时间内反复多次测量血压？

实验 15 ABO 血型的鉴定

【目的与要求】
1. 学习和掌握人类 ABO 血型鉴定的原理和方法。
2. 在掌握血液生理作用的基础上，理解临床上输血的重要意义。

【实验原理】
血型通常是指红细胞膜上特异抗原的类型。在 ABO 血型系统中，红细胞膜上抗原分 A 和 B 两种抗原，而血清抗体分为抗 A 和抗 B 两种抗体。A 抗原加抗 A 抗体或 B 抗原加抗 B 抗体，则产生凝集现象。血型鉴定是将受试者的红细胞加入标准 A 型血清(含有抗 B 抗体)与标准 B 型血清(含有抗 A 抗体)中，观察有无凝集现象，从而测知受试者红细胞膜上有无 A 或/和 B 抗原。在 ABO 血型系统，根据红细胞膜上是否含 A、B 抗原而分为 A、B、AB、O 四种类型，见表 15-1。

表 15-1 ABO 血型中的抗原和抗体

血 型	红细胞膜上所含的抗原	血清中所含的抗体
O	无 A 和 B	抗 A 和抗 B
A	A	抗 B
B	B	抗 A
AB	A 和 B	无抗 A 和抗 B

【器材、试剂及材料】
显微镜，离心机，一次性医用采血针，消毒注射器，双凹玻片，小试管，纱布，滴管，竹签，消毒干棉球，记号笔。

标准 A 血清，标准 B 血清，生理盐水，75%乙醇，碘酒。

人外周血(学生自愿者)。

【内容与操作】
1. 取双凹玻片一块，用干净纱布轻拭使之洁净，在玻片两端用记号笔标明 A 及 B，并分别滴入 A 及 B 标准血清一滴。
2. 细胞悬液制备。从指尖或耳垂取血一滴，加入含 1 mL 生理盐水的小试管内，混匀，即得约 5%的红细胞悬液。采血时应注意先用 75%乙醇消毒指尖或耳垂。
3. 用滴管吸取红细胞悬液，分别各滴一滴于玻片两端的血清上，注意勿使滴管与血清相接触。

4. 竹签两头分别混合，搅匀。

5. 10~20 min 后观察结果。若有凝集反应可见到呈红色点状或小片状凝集块浮起。先用肉眼看有无凝集现象，肉眼不易分辨时，则在低倍显微镜下观察，若有凝集反应，可见红细胞聚集成团。

6. 判断血型。根据被试者红细胞是否被 A、B 型标准血清所凝集，判断其血型(表 15-2 和图 15-1)。

表 15-2 凝集反应

是否凝集		受检者的血型
B 型标准血清(抗 A 血清)	A 型标准血清(抗 B 血清)	
-	+	B
+	-	A
-	-	O
+	+	AB

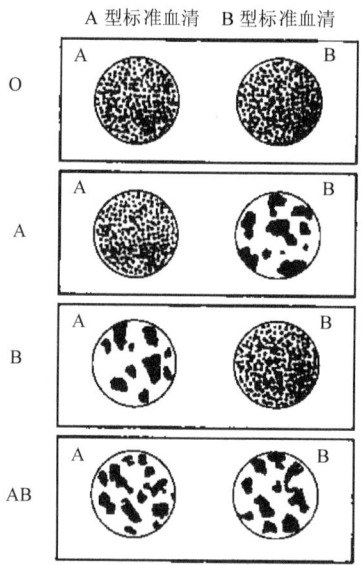

图 15-1　ABO 血型检查结果判断(吴敏和黄诗笺，2005)

【作业与思考题】

1. 在无标准血清情况下已如某人为 A 型或 B 型，能否用其血去检查未知血型？如何操作？

2. 根据所测定的血型，说明受试者可接受和输血给何种血型的人，为什么？

实验 16　昆虫展翅标本和叶脉标本的制作

16.1　昆虫标本采集和制作

【目的与要求】

通过采集和标本制作，掌握昆虫标本的制作方法。

【器材、试剂及材料】

捕虫网，毒瓶，采集袋，三角纸包，昆虫针，三级台，展翅板，还软器，标签，镊子，剪子，标本盒等。

1. 捕虫网

由网柄、网圈和网袋三个部分组成，购置或自己制作均可。自己制作时网柄用长 0.7~1 m、直径 1.5~2 cm 的木棍或者竹竿制成。网圈直径约 30 cm，由粗铅丝弯成，两端折成直角，固定在网柄上。网袋要用白色尼龙纱制作(用蚊帐布也可以)，它的长度应该是网圈直径的 2 倍。制作网袋时，可以把布剪成 4 块，拼接缝合而成。

在使用捕虫网时，要紧握网柄，将网口迎面对着昆虫，然后用网迎头一兜，待虫已入网，应该急速扭转网口，使网底叠到网口上方，昆虫便不会逃脱。

2. 毒瓶

昆虫捕获后要投入毒瓶里杀死。毒瓶可用广口瓶做成。用一个 500 mL 的毒瓶，里面放 30 g 桃仁。桃仁要先加水浸湿，然后捣碎，再放入毒瓶内，在上面铺一张吸水纸。除这种方法外，还可以用脱脂棉沾乙醚或乙酸乙烷，放在小玻璃管里，代替毒瓶。

3. 采集袋

在野外采集昆虫，一般要携带许多采集用具，为了便于携带，应该用采集袋装载。

4. 三角纸包

采集的昆虫，如果是鳞翅目的(蝶、蛾一类的昆虫)，为了防止翅上的鳞片脱落，中小型鳞翅目昆虫要先放入三角纸包里，再连同三角纸包一起放入毒瓶里毒杀。三角纸包要选用半透明的并且吸水性能好的纸张来做。它的长宽是 3∶2，纸包的大小随虫体的多少而定。纸包的外面要写明采集地点、采集时间和采集者的姓名等信息。

5. 昆虫针

用于插昆虫标本的，由细到粗，通常可分为 5 个号，5 号最粗，1 号最细，用得较多的是 3 号、4 号。

6. 三级台

用于使针插昆虫的身体和标签保持一定的高度,各级 8 mm,中央有孔。

7. 展翅板,用于展翅的

可用软木或泡沫塑料做成,软木或泡沫塑料的中央挖一条宽窄适宜的槽,即可使用。

8. 还软器,可将干标本还软

干标本为了避免被损坏,在制作标本时需还软。

【内容与操作】

将采集的昆虫,用昆虫针或大头针插在木板上整形、阴干,制成标本。针插昆虫的部位因昆虫的大小和种类的不同而异。多数昆虫可以从中胸或后胸当中插入;鞘翅目的昆虫(如天牛、金龟子等)可从右鞘翅的前部左上角插入;双翅目的昆虫(如蚊、蝇、虻等)可从中胸右方插入;半翅目的昆虫(如椿象、田鳖等)可从背翅前方菱形部位的中央插入(图 16-1)。把虫体钉在木板上时,针要从虫体背部垂直插入,不要歪斜。

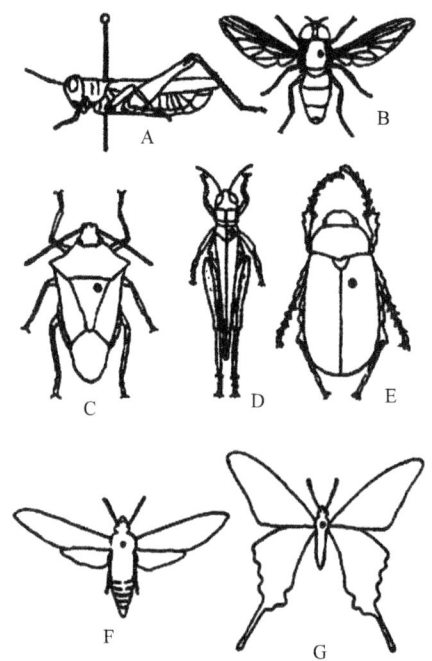

图 16-1 不同类群昆虫针插位置(路纪琪等,2004)

A、D.直翅目;B.双翅目;C.半翅目;E.鞘翅目;F、G.鳞翅目)

针插部位。直翅目:蝗虫、螽斯、蟋蟀等,前胸背板中部后方右侧;其他直翅类昆虫，如螳螂、蜚蠊等也针插于前胸背板中部后方右侧。半翅目：中胸小盾片中部偏右方；甲虫：右鞘翅的基部右方；蜂：中胸背板中央；蝶与蛾类：中胸背板正中部。

标本的标签位置：采集标签在三级台的第二级的位置上。

在制作蝶、蛾、蜻蜓等标本时，要用展翅板把翅展开。先用针把昆虫固定在展翅板中央的木条上，把翅展平，使左右四翅对称，然后用纸条压在两对翅上，纸条两端用针固定，再用镊子整理触角和足(图 16-2)。

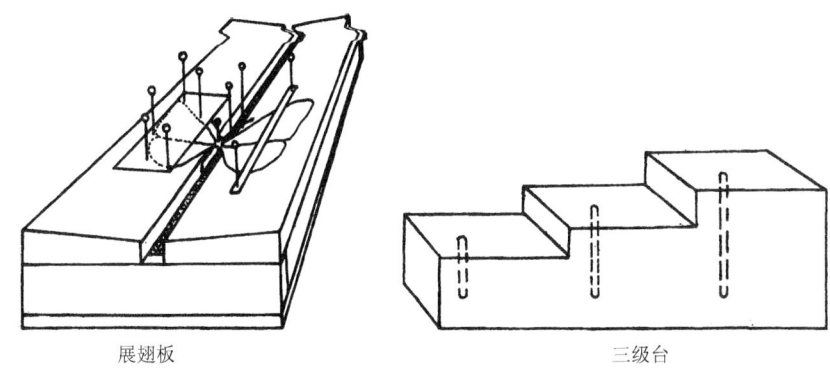

图 16-2 常用昆虫标本制作工具(路纪琪等，2007)

展翅的要求：有的昆虫，在研究时需展翅，以便观察翅上的特征。刚采的标本或还软的标本可展翅。

蛾与蝶，蜻蜓、直翅目的昆虫，展翅时要求左右前翅后缘呈一水平直线。

双翅目与膜翅目的昆虫展翅时，要求左右前翅的顶角与头呈一直线；

脉翅目昆虫展翅时要求，左右后翅的前缘呈一直线。

规范的昆虫标本，要求针插位置正确，并具合格的标签。

最后，把制成的标本按类别放在昆虫盒里，要排列整齐、匀称，标本的下方要贴上标签，标签上要写明采集地点、时间和采集者的姓名等。为了防虫蛀和霉烂，昆虫盒内必须放入樟脑。

【作业和思考题】

1. 将所采昆虫标本按要求做成规范的针插标本。
2. 根据自己制作昆虫标本的体会，谈谈如何操作才能使翅膀免受损坏？

16.2 植物叶脉标本的制作

【目的与要求】

学会叶脉标本的一般制作方法。

【器材、试剂及材料】

大烧杯，可调式电炉，封塑机，玻璃棒，手套，镊子，旧牙刷等。

氢氧化钠，氢氧化钾，2%番红、结晶紫、甲基绿、固绿、过氧化氢等。

选取叶质较厚、大小适中、叶脉明显、粗硬的叶片，如桂花(*Osmanthus fragrans*)、白兰(*Michelia alba*)、玉兰(*Yulania denudata*)、菩提树(*Ficus religiosa*)、紫荆(*Cercis chinensis*)、鸡蛋花(*Plumeria rubra*)等植物的叶。

【内容与步骤】

1. 采

采集叶片。

2. 煮

将叶片置于盛有质量浓度为5%~10%的氢氧化钠溶液的大烧杯中，煮沸20~50 min(视叶片状况而定)。

3. 洗

将叶片取出，以水冲洗叶片，除去叶片上残留的氢氧化钠溶液。

4. 刷

将叶片置于浅盘上，加少量的水，用旧牙刷轻轻刷去叶肉。

5. 漂

用体积分数为20%的过氧化氢漂白。

6. 染

用质量浓度为2%番红、结晶紫、甲基绿或固绿等染液加热染色，时间1~3min。

7. 压

将叶脉置于报纸下压干备用。

8. 封

用封塑机将染色好的叶脉标本封塑后保存，见图16-3。

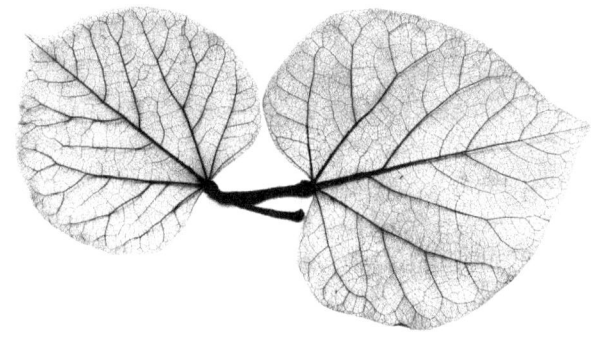

图16-3　紫荆叶脉

【作业与思考题】

1. 提交叶脉标本 1~3 份。
2. 制作叶脉标本时应注意什么问题？
3. 不同植物叶脉标本中的脉序结构在植物分类学中的意义有哪些？

实验17 被子植物的花解剖观察

【目的与要求】
1. 认识花的基本形态结构。
2. 掌握解剖花的正确方法。
3. 学会使用花程式和花图式描述花的结构。

【器材、试剂及材料】
解剖针,镊子,解剖刀,刀片,放大镜,体视显微镜或解剖镜,擦镜纸等。

甲醛,蒸馏水等。

小白菜或油白菜(*Brassica chinensis* var. *oleifera*),含笑(*Michelia fuscata*),垂花悬铃花(*Malvaviscus penduliflorus*),黄槐决明(*Senna surattensis*),紫藤(*Wisteria sinensis*),阔荚合欢(*Albizia lebbeck*),百合(*Lilium brownii* var. *viridulum*),水鬼蕉(*Hymenocallis littoralis*),肿柄菊(*Tithonia diversifolia*),苦苣菜(*Sonchus oleraceus*)等植物的花。

【内容与操作】
1. 花的组成部分

(1) 双子叶植物花的组成

取一朵油菜花观察,可见它是由花柄(梗)、花托、花萼、花冠、雄蕊群和雌蕊群六部分组成(图17-1)。

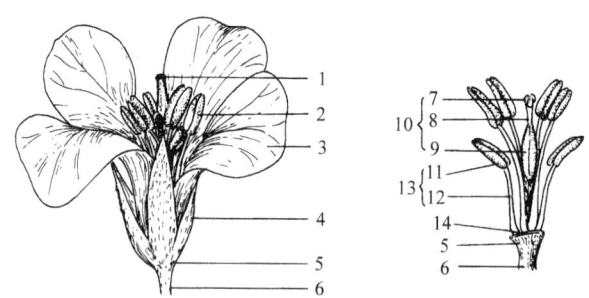

图 17-1 油菜花的构造 (何凤仙,1999)

1. 雌蕊; 2.雄蕊; 3.花冠; 4.花萼; 5.花托; 6.花梗; 7.柱头; 8.花柱; 9.子房; 10.雌蕊; 11.花药; 12.花丝; 13.雄蕊; 14.蜜腺

1) 花柄(花梗)。是着生花的小枝,呈绿色,它是茎向花输送养料和水分的通道。

2) 花托。是花柄顶端稍膨大的部分(不同植物形状有变化),是着生花被、雄蕊、雌蕊的地方。

3) 花被。油菜花被有两种(外轮为花萼、内轮为花冠),排列在花托基部,这种花称为双被花。

花萼:由4片呈黄绿色的萼片组成,花萼具有保护花、幼果兼行光合作用的功能。

花冠:由4片呈黄色的花瓣组成,具有保护和引诱昆虫传粉的功能。

4) 雄蕊群。由6个分离的雄蕊组成,在花被内呈2轮排列,外轮2个雄蕊花丝短,内轮4个雄蕊花丝长。每个雄蕊由下部细长的花丝和上部膨大的花药组成,花丝起支持和输导作用,而花药的花粉囊内产生成熟花粉粒(雄配子体)。

5) 雌蕊群。位于花中心的瓶状物为雌蕊,基部膨大部分称为子房,子房上部较细的部分称为花柱,花柱顶端稍膨大的部分称为柱头。在子房基部四周有4个绿色小颗粒为蜜腺(分泌结构)。用刀片横切子房一小段,将切下的材料置于解剖镜镜台上观察,可见2个心皮边缘互相连接,子房内有一假隔膜,胚珠着生在2心皮相连接处,即腹缝线上。所以油菜雌蕊是由两心皮合生的复雌蕊。

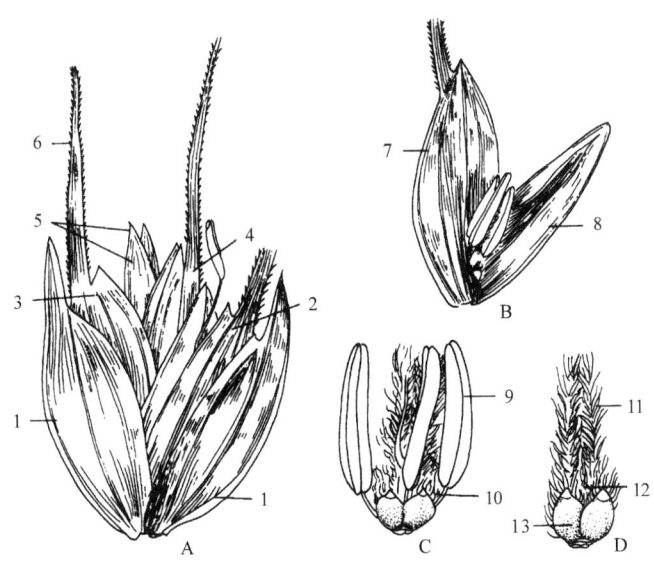

图 17-2 小麦小穗的组成(李扬汉,1986)

A.小穗; B.小花; C.雄蕊;D.雌蕊

1.颖片; 2.第一小花; 3.第二小花; 4.第三小花; 5.第四小花; 6.芒; 7.外颖; 8.内稃; 9.花药; 10.花丝; 11.柱头; 12.子房; 13.浆片

(2) 单子叶禾本科植物花的组成(图 17-2)

取浸泡在 5%甲醛溶液中的小麦穗(已用清水冲洗)进行观察，整个小麦穗(复穗状花序，由 10~20 个小穗组成)中间的轴称为穗轴，由左右弯曲的穗节片组成，每个穗轴节上着生一个小穗，成左右两行排列。从麦穗中断取一个小穗进行观察(图 17-2)，可见每一个小穗中间有一个小穗轴，基部有两个颖片，外面一个较宽称为外颖(第一颖)，内部较窄的一个称为内颖(第二颖)，在两个颖片之间有 2~7 朵小花，上部的小花往往退化不孕。

用镊子解剖小穗基部一朵小花，由外向内按顺序剥取花的各部分，逐层观察(图 17-2)。小花外方有一片大的外稃(往往有芒)和较小的内稃，剥开内外稃，可见到 3 个雄蕊，1 个雌蕊。雌蕊的柱头二裂呈羽毛状，花柱不明显，子房膨大。近子房基部(外稃内方)有两个白色具毛的片状结构，称为浆片，开花时浆片吸水膨胀对开花有促进作用。

2. 花程式

花程式是指借用字母符号及数字组成一定的程式，表示花的各部分排列、组成、数量、位置及彼此关系。

用花程式记载花的构造，花的各部分以拉丁文名词的第一字母表示。P 表示花被，K 表示萼片，C 表示花瓣，A 表示雄蕊(群)，G 表示雌蕊(群)。花程式中的数字表示花各部分每轮的数目，若超过"10"时，则用"∞"表示，而"0"时则表示缺少花的某部分。如果花的某部是联合的，可在数字之外加"( )"号，如果某一部分不止 1 轮，而有 2 或 3 轮时，可在各轮的数字间加上"+"号。子房的位置可用"—"表示，如果是子房上位，可在 G 字下加"—"，即"$\underline{G}$"；如果子房下位，则在 G 字上加"—"即"$\overline{G}$"；周位子房(半下位子房)，则在 G 字上下各加"—"，即"$\overline{\underline{G}}$"。子房后第一个数字表示心皮的数目，第二个数字代表子房的室数，第三个数字代表每个子房室的胚珠数，数字之间可用"："号相连。如果所观察的花是整齐花(辐射对称花)，可在花程式前用"*"符号表示，不整齐花(两侧对称花)用"↑"表示。"☿"表示两性花，"♂"表示雄花，"♀"表示雌花。

例如，油菜花的花程式：☿*$K_{2+2}C_{2+2}A_{2+4}\underline{G}(2:1:\infty)$。表示油菜花为两性的整齐花，花萼由 4 片离生的萼片组成，排成 2 轮，每轮 2 片；花冠由 4 片离生的花瓣组成，排成 2 轮，每轮 2 片；雄蕊 6 枚(4 长 2 短，称为四强雄蕊)，雌蕊由两个合生的心皮组成，1 室，子房上位，每室胚珠多数。

3. 花图式

花图式是以图解的方式表示花的横断面简图，借以说明花的各部分在横切面上的位置、数目、离合以及它们之间的关系。

用黑点小圆圈"·"表示花轴，画在花图式的上方(若为侧生花或顶生花则无此符号)，用背面有肋状突起的新月形实心弧线表示苞片(位于花轴的左右两侧或花轴相对的位置上)。用背面有肋状突起的新月形带有横线条的弧线表示萼片,用背面无突起的新月形实心弧线表示花瓣,雄蕊以花药横切面表示,雌蕊以子房的横切面表示(其横切面可表示出心皮的数目、合生或离生,子房室数,胎座类型及胚珠的着生情况)(图17-3)。

图17-3 花图式示例(周云龙,2004)

A.百合花;B.豌豆花

若萼片、花瓣彼此分离,则各弧线不相连,若合生则弧线相连。在绘花图式时,还应注意画出萼片,花瓣的排列方式(镊合状、旋转状、覆瓦状、重覆瓦状)及彼此着生关系(对生、互生)。

4. 花解剖

(1) 木兰科——含笑或白兰

取一花,观察花被片(花被花瓣状)数目、轮数及排列方式,用镊子去除花被片,观察雄蕊的形状(花药长、花丝短、花药纵裂)、数目、着生方式。去除雄蕊群后,观察雌蕊形状、数目、着生方式(以及花托形状),取一雌蕊,横切子房,观察室数,胚珠数。纵切子房,观察每室胚珠数,判断胎座类型。观察果实(聚合蓇葖果)。

(2) 锦葵科——垂花悬铃花

取一花,观察花萼、花冠的数目、排列方式,注意花瓣基部与雄蕊管联生;观察雄蕊多数,花丝联合成管(组成单体雄蕊),用镊子去除花萼及花瓣,并用解剖针自下而上挑离花丝管,观察花柱上部的分叉数,将花丝管剥离,观察雌蕊形状,用刀片横切子房,观察胎座类型、子房室数及每室胚珠数。观察成熟果实形状,分果爿数目,顶端是否具刺,判断该果实属于何种类型。

(3) 豆科

1) 含羞草亚科——阔荚合欢。观察花序。根据花的排列方式、花柄长短、花的开放次序判断花序类型。取一花观察花各部分形状、数目、排列方式(注意花是否辐射对称,雌蕊的形状及花瓣是否连合)。

2) 苏木亚科——黄槐决明。取一朵花,观察花瓣的排列方式,注意靠轴一片花瓣的位置、形状大小以及与其他花瓣有何不同,是否为整齐花。

3) 蝶形花亚科——紫藤。取一花，与苏木亚科代表种的花进行比较观察。注意花瓣的排列方式，靠轴一片花瓣的位置，各花瓣的大小、分合(分辨旗瓣、翼瓣、龙骨瓣)。观察雄蕊的数目、类型(二体雄蕊)、雌蕊形状。

观察豌豆果实(荚果)，注意种子的着生位置，成熟后果皮沿背缝和腹缝线两面开裂。

(4) 菊科

1) 肿柄菊。先观察花序，花序托(花轴)极度缩短膨大而平展，周缘有2~4层绿色总苞片形成的总苞。在总苞片内侧缘着生一圈假舌状花(缘花)，中央生有多数筒状花(盘花)。

取一假舌状花观察，花冠基部呈筒状，上部呈舌状向一侧展开，顶端具3裂片(两侧对称)。注意花冠筒的着生位置，在其基部具变态成鳞片状的萼片，在花萼、花冠的下方有一子房(退化而不育)，花柱、柱头及雄蕊亦发育不良。

取花轴中部的筒状花，筒状花花冠筒基部较细，中部膨大。花冠裂片5，较小、大小相等，用解剖针剖开花冠筒，可见雄蕊的花丝着生在花冠筒的膨大部分。花药互相结合成药筒(聚药)，注意花药为内向纵裂，柱头从花药筒中部伸出(柱头裂片展开，受粉面裸露，以便接受传粉昆虫从另一花序带来的花粉)。花冠筒基部为一扁圆筒形的子房(注意判断子房位置)，横切子房，观察室数及胚珠数。在子房基部具一托片，顶端两侧具变态为鳞片的萼片(易脱落)。

2) 苦苣菜。用解剖刀将花序纵切，可见其外侧绿色的总苞，内侧着生多数、同一类型的花(舌状花)。

取舌状花，观察花冠基部呈筒状(较细)，上部呈舌状向一侧展开，顶端具5个裂片。用解剖针将舌状花冠挑拉，可见聚药雄蕊，及从药筒中央伸出的柱头(2裂)。在花冠筒的基部是一棒状的子房(根据花冠的着生点、判断子房位置)。在子房顶端具白色的冠毛(由花萼变态而成)，有利于果实远距离传播。

(5) 百合科——百合

先观察花序，根据花的着生方式、开放顺序判断花序类型。用镊子取一花，观察花被片(花被同型、白色，花瓣状，排成两轮，每轮3片)去掉花被片，可见雄蕊(共6枚，排成两轮，每轮3片)。注意花被、雄蕊的着生关系。观察雌蕊形状、柱头分裂数。横切子房，注意胎座类型，子房室数及每室的胚珠数。

(6) 石蒜科——水鬼蕉

观察花序(组成伞形花序，生于花茎顶上，下有一膜质总苞)。取一花观察花被片数目、排列的轮数，是否形成花被管。观察雄蕊数目[可见花丝基部具一杯状体(副花冠)，并与花丝合生]。注意花被、雄蕊的着生关系，观察雌蕊形状、子房位置。横切子房，注意胎座类型、室数及胚珠数。

【作业与思考题】

1. 任绘 1 或 2 种植物的花，并标出其组成部分名称。
2. 写出油菜、白兰、垂花悬铃花、紫藤等植物花的花程式，绘出其花图式。
3. 绘制简图表明小麦花与花序的关系。
4. 绘制菊科舌状花、筒状花的外形图。
5. 绘制木兰科雌蕊群外形图。

实验18　校园及其周边地区植物和鸟类多样性的调查

18.1　校园植物的调查

【目的与要求】

1. 通过对校园及其周边区域内植物的调查研究使学生熟悉观察、研究区域植物及其分类的基本方法。

2. 认识校园内栽培的常见植物，为植物多样性的学习打下基础。

3. 建立校园生物多样性教育资源档案。

【器材、试剂及材料】

数码照相机，解剖镜，枝剪，放大镜，镊子，笔记本，检索表，标签等。

【内容与操作】

大学校园面积一般都比较大，栽培及自然生长的植物种类多。在积累了一些被子植物系统分类的基础理论知识后，可以充分利用校园的绿化优势，通过调查研究校园内植物的种类，熟悉观察、研究区域植物及其分类的基本方法，为其后的野外实习做准备。为了保证实验的质量和效果，可根据学校的实际情况，把校园划分成几个区域(生活区、教学区、景观区等)，以班级小组为单位，利用课余时间或周末对校园内不同区域的植物(包括栽培及自然生长的植物)进行调查。

1. 校园植物形态特征的观察

植物形态特征的科学描述是物种识别与分类的基础，而植物种类的识别、鉴定必须建立在严谨、细致的观察研究之后。

在对植物进行观察研究时，首先要观察清楚每一种植物的生长环境，然后再观察植物具体的形态结构特征。形态结构的观察起于根(或茎基部、叶)，结束于花、果实和种子。先用眼睛进行整体观察，细微、重要部分须借助放大镜观察。特别是对花的观察、研究要极为细致、全面，必要时可借助解剖镜对花进行解剖，具体按以下特征对植物进行观察和科学描述，只有这样，全面、系统地掌握植物的详细特征，才能正确、快速地识别和鉴定植物。

(1) 植物的性状

乔木，灌木，亚灌木；草本(包括一、二年生或多年生)，茎的形状、颜色、被毛或光滑；直立；平卧，匍匐；攀缘；缠绕或其他。

(2) 叶

单叶或复叶；叶形，有无叶柄？对生或互生，或轮生。叶面及叶背颜色如何？

被毛或其他，网状脉或平行脉，有托叶或无托叶？

(3) 花序

总状类花序(如穗状、总状、圆锥、伞形等花序)或聚伞类花序(如轮伞、聚伞花序)或花单生等。

(4) 花的各部分

观察、研究要极为细致、全面，从花柄开始，通过花萼、花冠、雄蕊，最后到雌蕊。必要时要对花进行解剖，分别做横切和纵切，观察花各部分的排列情况、子房位置、组成雌蕊的心皮数目、子房室数及胎座类型等。

1) 苞片——形状、颜色、数目、被毛或其他。

2) 花萼——萼片形状、颜色、数目、离生或合生、被毛或无毛。

3) 花冠——花瓣形态、颜色、数目、离生或合生、被毛或无毛。

4) 雄蕊——数目、花丝离生或合生，雄蕊与花瓣、萼片对生或互生；花药的着生情况和开裂方式。

5) 雌蕊——花柱数目、柱头分裂数或不裂或浅裂；子房位置(上位、下位或半下位)；子房室的数目；胎座类型(如中轴胎座、特立中央胎座、侧膜胎座等)；胚珠数目(少数或多数或定数)等。

6) 果实——属于何种果实？开裂或不开裂，果实的形状大小和颜色。

7) 种子——形状、大小和颜色，解剖种子，观察有无胚乳，胚的子叶数目多少？

2. 校园植物种类的识别和鉴定

在对植物细致观察的基础上，识别、鉴定植物就变得很容易。对校园内特征明显、自己又熟悉的植物，确认无疑后可直接写出种名；生疏种类借助于植物检索表、各种植物志或网络资源等进行检索、识别。

把区域内的所有植物鉴定、统计后，写出名录并把各植物归属到科。通过各科植物的对比观察，归纳总结出校园植物的科、属、种的识别特征，为其后的野外植物识别观察奠定一定的基础。

附录1中的校园常见栽培的种子植物名录，可供参考。

3. 校园植物的归纳分类

在对校园植物识别、统计后，为了全面了解、掌握校园内的植物资源情况，还须对它们进行归纳分类。分类的方式可根据自己的研究兴趣和校园植物具体情况进行选择。对植物进行归纳分类时可充分利用有关参考资源或文献。

下面是几种常见的校园植物归纳分类方式。

(1) 按植物形态特征分类

木本植物：乔木、灌木、木质藤本；

草本植物：一年生草本、二年生草本、多年生草本、草质藤本。

(2) 按植物系统分类

苔藓植物、蕨类植物、裸子植物、被子植物：双子叶植物、单子叶植物。

(3) 按植物观赏部位及其价值分类

观花植物、观叶植物、观果植物、仙人掌及多浆类植物。

(4) 按植物资源的经济价值分类

观赏植物、药用植物、食用植物、纤维植物、油脂植物、淀粉植物、材用植物、蜜源植物、鞣质植物、其他经济植物。

【作业与思考题】

1. 编写所调查区域校园植物名录(归属至科)，附彩色数码图片、拉丁学名、简要的识别要点及其分布地点等，并对它们进行归纳分类。

2. 通过校园植物的调查、研究，编写校园植物分布图，并谈谈你对学校绿化现状的意见和建议。

3. 如何采取有效的方法加强对校园植物的识别或认识？

18.2 校园及其周边地区鸟类多样性的调查

【目的与要求】

1. 通过对校园及其周边区域内常见鸟类的调查统计，使学生掌握鸟类野外观察和识别方法。

2. 认识校园及其周边常见鸟类，为动物(鸟类)多样性的学习奠定基础。

3. 了解鸟类的类群及其与栖息地之间的关系。

【器材、试剂及材料】

双筒望远镜，单筒望远镜，长焦数码相机，《中国鸟类野外手册》等图鉴，GPS，笔记本等。

【内容与操作】

近些年来，随着环境保护、生态平衡等观念的普及，野外观鸟有较大发展。特别是随着高倍、清晰的望远、摄像设备的普及，以及高质量鸟类图版的印刷，更有利于野外鸟类的识别。各地"观鸟会"积极走入大专院校，广泛地使自然观察与生态教育普及至大学校园。

大学校园内生态环境较好，生活着不少鸟类，而作为师生，保护校园鸟类是义不容辞的责任。为更好地留住和保护校园鸟类，必须调查统计校园及其周边环境内的鸟类种类。

1. 野外观鸟前的准备

观鸟前，首先应该了解周围地区的鸟类，至少本省(自治区、直辖市)有分布的鸟类。也要了解当前季节、特定栖息地该出现的鸟类。依据这些基本分析，列出当地鸟类名录。有针对性地检索应该识别的鸟类,翻阅有关的图鉴描述。记住各类鸟的野外特征。

观鸟应注意天气。天气恶劣(大风、大雨、浓雾等)不仅影响观察和倾听的效果,鸟类本身也会躲避,不易见到。此外,应根据鸟的习性安排最佳观鸟时间,包括每日的最佳时间(如清晨或傍晚的某一时段)。

2. 野外鸟类识别方法

对于初学者或刚刚对观鸟感兴趣的人,最简便快速的鸟类识别方法是看图识鸟法。另一值得推广的鸟类识别经验是:仔细观察,记住特征,迅速翻阅图鉴,与记忆对照,找出可能的种类。再通过多次观察、对照,最后确定种类。

与手中鸟的识别完全不同,野外识别鸟类只能用眼,或借助望远镜,通过观察鸟的轮廓和形状、鸟的大小、标志性特征,以及对鸟的行为、习性、鸣声、栖息地等方面的综合分析,确定鸟的种类。

另外,多数鸟类具有迁徙的特性,即每年春、秋两季,鸟类在繁殖地与越冬地之间有规律地大规模地移动。根据鸟类活动范围和移动距离,将鸟类分为留鸟和候鸟。候鸟还可分为夏候鸟、冬候鸟、旅鸟和迷鸟。因此,观鸟时,要特别留意。

鸟类识别需要悟性,更需要兴趣和踏实的态度,识别方法因人而异。

3. 调查方法

3~5 个人一组,分别对某一区域的某种或某几种鸟类进行定期定点观察。调查时,可采用直接计数法,沿固定路线调查,记录路线两侧目力所及范围内的鸟种,同时也可以通过鸣叫来辨认的鸟种记录在案。每次调查遵循相同的调查线路,以确保调查的相对可比性与科学性。除了鸟种与数量外,同时将记录鸟类行为和栖息地类型,具体参照表 18-1。

鸟类调查记录表

调查地点:_____ 调查时间:_____

参加人员:_____ 天气情况:_____

表 18-1　鸟类调查记录表

时间	鸟种	数量	行为	栖息地类型	备注

附录 2 中的校园及周边区域常见的鸟类名录可供参考。

4. 结果分析

主要进行以下几项的分析：调查中记录的国家级和省级重点保护鸟类种类、野生鸟类季节性状况、各月鸟类数量记录状况、校园鸟类群落的组成特征、鸟类与生境的关系等。

【作业与思考题】

1. 编写所调查区域(校园)鸟类的名录，附彩色数码图片、学名、识别要点及其分布地点等。

2. 通过校园鸟类的调查和统计，编写校园鸟类分布图或鸟类多样性的小论文。

实验19 植物基因组DNA和质粒DNA的提取及其电泳检测

19.1 植物基因组DNA的提取

【目的与要求】

掌握从高等真核生物细胞中制备基因组DNA的基本原理，熟悉从高等植物中提取基因组DNA的技术流程。

【实验原理】

本实验介绍的方法是CTAB法。CTAB(cetyltriethylammonium bromide)是一种去污剂，它能与核酸形成复合物，这些复合物在高盐溶液(0.7 mol/L NaCl)中可溶并且稳定存在。此时的高盐溶液中除含有CTAB-核酸复合物外，还含有大量的多糖和蛋白质。可用两种方法将核酸提纯出来，①用氯仿先对此高盐溶液进行抽提，大量蛋白质和多糖等从溶液中被抽提沉淀出来，而核酸仍留在溶液中；接着可用乙醇或异丙醇将核酸从溶液中沉淀出来，然后用水或TE缓冲液等将核酸溶解。②降低溶液中盐的浓度(0.3 mol/L NaCl)，CTAB与核酸的复合物就会因溶解度降低而沉淀出来，而大部分的蛋白质及多糖仍溶于溶液中；通过离心将CTAB-核酸沉淀下来，然后溶解于高盐溶液中。最后，可通过氯仿抽提或CsCl离心等方法去除核酸溶液中所有的蛋白质和多糖等不纯物，并用核糖核酸酶(RNase)酶解去除RNA。

【器材、试剂及材料】

水浴锅，液氮罐，离心机，移液枪，电泳设备，核酸紫外检测仪，研钵，杵子，50 mL和1.5 mL离心管，移液器枪头，玻璃棒等。

液氮，核糖核酸酶(RNase)，2×CTAB抽提缓冲液(2%CTAB、1.4 mol/L NaCl、100mmol/L Tris-HCl pH 8.0、20 mmol/L EDTA、2%巯基乙醇)，氯仿：异戊醇(24：1)，异丙醇，无水乙醇，70%乙醇，TE(10 mmol/L Tris-HCl、1 mmol/L EDTA pH 8.0)缓冲液，凝胶电泳上样缓冲液(0.4%溴酚蓝、50%蔗糖指示剂溶液)，溴化乙锭溶液(剧毒)，1×TAE凝胶电泳缓冲液，琼脂糖等。

幼嫩的水稻幼苗。

【内容与操作】

将10~20 g新鲜或冻存的水稻幼嫩叶片剪成小段后放于研钵中，用液氮速冻并研磨成粉末；预先在50 mL离心管中加入20 mL左右2×CTAB抽提缓冲液，于

65℃水浴中预热；将研磨好的粉末(注意不能解冻)转入经 65℃预热的上述离心管中，于 65℃水浴保温 30 min 以上，并间或轻摇混匀。

取出离心管中，冷却至室温。

加入等体积的氯仿：异戊醇(24：1)，轻轻混匀 20 min 以上。

12 000 r/min，室温，离心 10~20 min。

将上清液移入另一干净的 50 mL 离心管中，加入 2/3 体积的经-20℃预冷的异丙醇，小心摇动离心管，使 DNA 沉淀出来。

用玻璃棒轻轻搅动后小心取出聚集于玻棒上的 DNA 沉淀。

将 DNA 沉淀移入一只 1.5 mL 的离心管中，加入 1 mL 70%乙醇洗涤，重复洗涤 1 或 2 次。

去净乙醇后，将 DNA 沉淀于室温干燥。

干燥后的 DNA 沉淀溶于含 20 μg/mL RNase A 的 500 μL TE(10 mmol/L Tris-HCl，1 mmol/L EDTA，pH 8.0)缓冲液中，于 37℃消化 RNA 1 h。

加入 1/10 体积的 3 mol/L NaAc(pH 5.2)溶液和 2 倍体积预冷的无水乙醇，小心混匀；

6000 r/min，4℃离心 10 min，弃上清液。

沉淀用 70%乙醇洗涤 1 次，干燥后溶于适量 TE(pH 8.0)缓冲液中，可在-20℃保存备用。

【结果检测】

取少量 DNA 溶液在 0.8%的琼脂糖凝胶上电泳分离并在核酸紫外检测仪上观察。

【作业与思考题】

分析电泳结果，解释原因。

19.2 质粒 DNA 的小量制备

【目的与要求】

质粒是基因克隆的载体，高质量的质粒对于酶切进而重组质粒和遗传转化具有重要意义。通过本实验掌握最常用的碱变性提取质粒 DNA 的方法。

【实验原理】

碱变性抽提质粒 DNA 是基于染色体 DNA 与质粒 DNA 的变性与复性的差异而达到分离目的。在 pH 高达 12.6 的碱性条件下，染色体 DNA 的氢键断裂，双螺旋结构解开而变性。质粒 DNA 的大部分氢键也断裂，但超螺旋共价闭合环状的两条互补链不会完全分离。当用 pH 4.8 的 KAc 高盐缓冲液去调节其 pH 至中性变性的质粒 DNA 又恢复原来的构型，保存在溶液中，而染色体 DNA 不能复性而形成缠连的网状结构。通过离心，染色体 DNA 与不稳定的大分子 RNA、蛋白质-SDS 复合物等一起沉淀下来而被除去。

【器材、试剂及材料】

恒温摇床、冷冻离心机、台式离心机、微量移液器、旋涡混合器、凝胶成像仪、琼脂糖凝胶电泳系统、高压灭菌锅、离心管、移液器等。

LB 液体培养基：称取 10 g 胰化蛋白胨、5 g 酵母提取物和 10 g NaCl，用超纯水溶解并定容至 1 L，调节 pH 至 7.0；配制固体培养基时每升加入琼脂粉 15 g。分装后在 1.05 kg/cm^2（121℃）下温热灭菌 15 min。

抗菌素：氨苄青霉素(Amp)，临用时用无菌水配制在灭菌有盖试管中，母液浓度为 100 mg/mL。

试剂：

(1) 溶液 I：50 mmol/L 葡萄糖、10 mmol/L EDTA、25 mmol/L Tris-HCl(pH 8.0)。溶液 I 可成批配置，在 0.7 kg/cm^2 下灭菌 15 min，储存于 4℃。

(2) 溶液 II：200 mmol/L NaOH、1% SDS，溶液 II 应现用现配。

(3) 溶液 III：5 mol/L KAc 60 mL、冰醋酸 11.5 mL、水 28.5 mL。

(4) RNase A (10 mg/mL)：称取 10 mg 核糖核酸酶 A 于灭菌的指形管内，加 1 mL 1 mmol/L Tris-HCl(pH 7.5)、15 mmol/L NaCl 溶液至完全溶解，即为 10 mg/mL RNase A。为了破坏脱氧核糖核酸酶(DNase)，在 80℃水浴加热 10 min 或在 100℃煮沸 2 min，然后放于−20℃保存。

(5) TE 缓冲液：10 mmol/L Tris-HCl(pH 8.0)，1 mmol/L EDTA。

(6) Tris 饱和酚：Tris-HCl(pH 8.0)溶液，饱和酚

(7) 氯仿：异戊醇(24：1)：量取 240 mL 氯仿，加入 10 mL 异戊醇充分混匀。

(8) 预冷无水乙醇：无水乙醇保存于 4℃冰箱备用。

菌种：含有质粒 pBR322 的大肠杆菌 DH5a。

【内容与操作】

1. 将 2 mL 含氨苄青霉素(100 mg/L)的液体 LB 培养基加入到容量为 15 mL 并且通气良好的无菌试管中，然后接种一个单菌落，于 37℃剧烈振荡培养过夜。

2. 将已培养好的 1.5 mL 上述培养物倒入一个 1.5 mL 微量离心管中，用微量离心机以 12 000 g 离心 30 s，将剩余培养物储存于 4℃。

3. 吸去上清液，使细菌沉淀尽可能干燥。

4. 将细菌沉淀重悬于 100 μL、用冰预冷的溶液 I 中，剧烈振荡。

5. 加 200 μL 新鲜配制的溶液 II，盖紧管口，快速颠倒离心管 5 次，以混合内容物。此时，应确保离心管的整个内装面均与溶液 II 接触，但不要剧烈振荡；混合后将离心管放置于冰上。

6. 加入 150 μL 用冰预冷的溶液 III，盖紧管口，将管倒置后温和地振荡 10 s，使溶液 III 在黏稠的细菌裂解物中分散均匀，之后将管置于冰上 3~5 min。

7. 用离心机于 4℃、12 000 g 离心 5 min，将上清转移至另一离心管中。

8. 加等量酚∶氯仿∶戊醇(25∶24∶1)，振荡混匀，用离心机于 4℃、12 000 g 离心 2 min，将上清液转移到另一离心管中 (此步也可不做)。

9. 用 2 倍体积的无水乙醇于室温沉淀双链 DNA，振荡混合于室温放置 2 min。

10. 用离心机于 4℃、12 000 g 离心 5 min。

11. 小心吸去上清液，将离心管倒置于一张纸巾上，以便所有液体流出，再将附于管壁上的液体除尽。

12. 用 1 mL 70%乙醇于 4℃洗涤 DNA 沉淀，去上清吸干，在空气中使核酸沉淀干燥 10 min。

13. 用 50 mL 的 TE 重新溶解核酸，加 RNase A 至终浓度 20 mg/L，混匀后置于 37℃温育 1 h。

14. 经 RNase A 处理后的 DNA 溶液可储存于 –20℃备用。

【作业与思考题】

溶液 I、溶液 II 和溶液 III 在提取质粒的过程中的作用分别是什么？

19.3 琼脂糖凝胶电泳法检测 DNA

【目的与要求】

学习用水平式琼脂糖凝胶电泳检测 DNA 的纯度、构型、含量以及分子质量的大小。

【实验原理】

DNA 在碱性的溶液中带有负电荷，因此，在电场作用下朝正极移动。在琼脂糖凝胶中电泳时，由于琼脂糖凝胶具有一定孔径，长度不同的 DNA 分子由于所受凝胶的阻遏作用大小不一，迁移的速度不同，从而可以按照分子质量大小得到有效分离。溴化乙锭可插入到 DNA 分子的双链中。在紫外线的照射下，插入溴化乙锭的 DNA 呈橙红色荧光，所以溴化乙锭可以作荧光指示剂指示 DNA 含量和位置。

【器材、试剂及材料】

电泳仪，电泳槽(图 19-1)，微波炉，离心机。

Eppendorf 管，Tip 头，微量进样器(0~20 μL、0~200 μL、 0~1000 μL)，标记笔，0.2%溴酚蓝，50%蔗糖指示剂溶液，1 mg/mL 溴化乙锭溶液，TAE 电泳缓冲液，琼脂糖。

分离的 DNA 样品(19.1 节或 19.2 节)。

【内容与操作】

1. 选择合适的水平式的电泳仪，调节电泳槽平面至水平，检查稳压电源与正负极的线路。选择孔径大小适宜的点样梳，垂直架在电泳槽负极的一端，使点样梳底部离电泳槽水平面的距离为 0.5~1.0 mm。

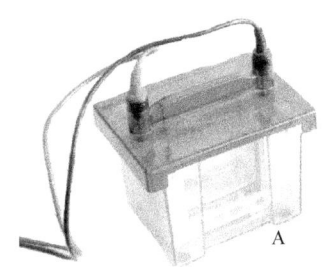 

图 19-1　Mini Protean 3 电泳槽和制胶工具(田亚平，2006)

A.电泳槽；B.制胶模具

2. 制备琼脂糖凝胶：按照被分离 DNA 分子的大小，决定凝胶中琼脂糖的百分含量。一般情况下，可参考下表 19-1。

表 19-1　琼脂糖含量与分离线状 DNA 分子的有限范围

琼脂糖的含量/%	分离线状 DNA 分子的有限范围/kb
0.6	20~1
0.9	7~0.5
1.2	6~0.4
1.5	4~0.2

称取琼脂糖，溶解在电泳缓冲液中，大电泳槽约为 160 mL，小电泳槽约 35 mL 凝胶液，置微波炉中或水浴锅加热，至琼脂糖熔化均匀。

3. 取少量凝胶溶液将电泳槽四周密封好，若两端没有插板的电泳槽，则用玻璃胶带封好两端，防止浇凝胶板时出现渗漏。然后在凝胶溶液中加 EB(EB 最终浓度为 0.5 μg/mL)，摇匀，待凝胶溶液冷却至 50℃左右，轻轻倒入电泳槽水平板上，除掉气泡。

4. 待凝胶冷却凝固后，在电泳槽内加入电泳缓冲液，大电泳槽约需 1200 mL，小电泳槽约 180 mL。然后小心取出点样梳与两端插板(或撕掉两端玻璃胶带)，保持点样孔的完好。

5. 待测的 DNA 样品中，加 1/6 体积的溴酚蓝指示点样缓冲液，如果待测样品体积太小(1μL)可用电泳缓冲液稀释，一般点样体积至少 2 μL 溴酚蓝，10 μL 样品。混匀后小心地进行点样，记录样品点样秩序与点样量。

6. 开启电源开关，DNA 的迁移速度与电压成正比，与琼脂糖含量有关。最高电压不超过 5 V/cm(大电泳槽不超过 200V，小电泳槽不超过 150 V)。

7. 电泳时间依实验的具体要求而异。在电泳中途可用紫外灯直接观察，DNA 各条区带分开后，电泳结束。一般 20 min 至 3 h，取电泳凝胶块直接在紫外灯下拍照或绘图。

【作业与思考题】

1. 绘制电泳图谱，并对结果进行分析。
2. 有哪些因素会影响到电泳图谱上 DNA 条带的位置？

实验 20 基因的 PCR 扩增

【目的与要求】

学习 PCR 反应的基本原理与实验技术，了解引物设计的一般要求。

【实验原理】

PCR 是一种选择性体外扩增 DNA 或 RNA 片段的方法。单链 DNA 在互补寡聚核苷酸片段的引导下，可以在 DNA 聚合酶的催化下按 5′→3′方向复制出其互补 DNA 链，并形成双链 DNA。该单链 DNA 称为模板 DNA，寡聚核苷酸片段称为引物(primer)，合成出的互补 DNA 称为产物 DNA。在 DNA 聚合酶催化的一系列合成反应中，反应时首先是在摩尔数大大过量的两段引物及 4 种 dNTP 存在下，将模板进行加热变性。随之将反应混合物冷却至某一温度，使引物与它的靶序列进行配对，称为退火。然后，退火引物可在 DNA 聚合酶作用下进行延伸。上述过程是由温度控制的。这种热变性－复性－延伸的过程就是一个 PCR 循环。PCR 是在合适条件下的这种循环的不断重复。并且在重复过程中，前一循环的产物 DNA 可作为后一循环的模板 DNA 参与 DNA 的合成，使产物 DNA 的量按 $2n$ 方式扩增，所以这一反应称为链式扩增反应。

常规 PCR 反应用于已知 DNA 序列的扩增，反应循环数为 25~35 个，变性温度为 94℃，复性温度为 37~55℃，合成延伸温度为 72℃，DNA 聚合酶为 Taq 酶(可耐受 95℃左右的高温而不失活)，DNA 扩增倍数为 10^6~10^9。

引物的设计在 PCR 反应中极为重要。要保证 PCR 反应能准确、特异、有效地对模板 DNA 进行扩增，通常引物设计要遵守以下几条原则：①引物长度：15~25 个核苷酸；②CG 含量为 40%~60%；③T_m 值高于 55℃〔T_m=4(C+G)+2(A+T)计算〕；④引物与模板非特异性配对位点的碱基配对率小于 70%；⑤两条引物间配对碱基数小于 5 个；⑥引物自身配对(特别是在引物的 3′端)形成的茎环结构，茎的碱基对数不大于 3。由于影响引物设计的因素比较多，所以常常利用计算机来辅助设计，现已开发出多种计算机软件，如 PCGENE 软件中的 PCR 引物设计程序等。

【器材、试剂及材料】

PCR 仪，离心机，移液器，制冰机，电泳设备，核酸紫外检测仪，0.2 mL PCR 反应管，移液器枪头等。

10×PCR 反应缓冲液：500 mmol/L KCl，100 mmol/L Tris-HCl(pH 9.0)，15 mmol/L $MgCl_2$，0.1%明胶(m/V)，1% Triton X-100。

dNTPs：dATP、dCTP、dGTP 和 dTTP(浓度均为 2 mmol/L)。

Taq DNA 聚合酶：5U/μL(TaKaRa 公司或上海生工公司)。

模板 DNA：水稻基因组 DNA(0.1 μg/μL)，其中含有一个 GUS 目的基因序列。

引物 P_1：5′-CACACCGATACCATCAGAGATC-3′，P_2：5′-TCACCGAAGGGCATGCCAGTCC-3′；两引物相距 410 bp，引物溶液浓度为 25 pmol/μL。

无菌水，液状石蜡，凝胶电泳上样缓冲液(0.4%溴酚蓝、50%蔗糖指示剂溶液)，溴化乙锭溶液(剧毒)，1×TAE 凝胶电泳缓冲液，琼脂糖等。

【内容与操作】

1. 准备 PCR 反应溶液

取 0.2 mL PCR 反应管 1 支，用微量移液器按以下顺序分别加入各种试剂：

10×PCR 反应缓冲液	5 μL
4×dNTPs	2 μL
引物 P_1	2 μL
引物 P_2	2 μL
模板 DNA	1 μL(10 ng)
Taq DNA 聚合酶	0.5 μL(2.5 U)
用无菌去离子水至	50 μL

↓

用手指轻弹 PCR 反应管底部，使溶液混匀

↓

在台式离心机中离心 2 s 以集中溶液于管底

↓

加液状 50 μL 封住溶液表面

注：①*Taq* DNA 聚合酶的稀释。从装酶的离心管中取待用数量的酶于冰水浴中的另一离心管，加入等体积的酶稀释缓冲液，并用加样枪轻轻吸打数次即可；②模板 DNA 样品的稀释。从储存管中取出模板 DNA 样品原液用 TE 缓冲液 10 倍稀释，置于冰浴中待用。

2. PCR 扩增反应

在 PCR 仪中设计如下反应程序：95℃、5 min；95℃、50 s，56℃、50 s，72℃、40sec，30 个循环；72℃、10min

↓

将已混匀的 PCR 反应管置于 PCR 仪的反应孔中，盖好盖子

↓

进行反应。反应完毕，将样品取出置于冰浴中待用

3. 结果检测

PCR 扩增的产物 DNA 片段长度为 410 bp，适合在 1.5%琼脂糖凝胶中进行电泳检测。从每个反应管中取 5 μL PCR 产物进行电泳检测。

【作业与思考题】

简述 PCR 原理?

第 3 部分 综合性实验

实验 21 水体浮游生物的调查及其与水质的关系

【目的与要求】
1. 学习浮游生物的采集方法。
2. 在显微镜下观察水中的浮游植物和浮游动物,认识常见的微藻和微小动物。
3. 通过污染水体浮游生物的调查,了解水质的状况。

【器材、试剂及材料】
显微镜,浮游生物网,甲醛,碘液,塑料瓶(100 mL),广口瓶(250 mL、500 mL),滴管,载玻片,盖玻片,吸管,标签纸,铅笔等。

池塘水。

【内容与操作】
1. 水体中浮游生物的采集

在较大较深水面或水库,可用浮游生物网在水中作"∞"形来回慢慢拖动采集。采集后,将网垂直提出水面,打开网底的阀门,将采集到的标本注入广口瓶(或标本瓶)中。同时做好采集记录、编号,并在瓶上贴上标签,或用铅笔在纸条上写上编号,放入瓶中。

2. 淡水中浮游生物的概况

浮游生物的体型很小,只有微弱的浮动能力,受水流支配而移动。浮游生物分为浮游动物和浮游植物。

浮游动物是一个生态类群的概念,包括原生动物(变形虫、放射虫、有孔虫、纤毛虫、鞭毛虫)、轮虫、枝角类和桡足类四大类无脊椎动物中在湖内营浮游生活的种类。湖泊浮游动物中以原生动物的种类为最多。浮游植物也是一个生态学概念,是指在水中营浮游生活的微小植物,通常浮游植物就是指浮游藻类,主要包括蓝藻门(Cyanophyta)、硅藻门(Bacillariophyta)、金藻门(Chrysophyta)、黄藻门(Xanthophyta)、甲藻门(Pyrrophyta)、隐藻门(Cryptophyta)、裸藻门(Euglenophyta)和绿藻门(Chlorophyta)8 个门植物的种类,在中国已发现的淡水藻类约 9000 种。

浮游生物是水生生物的重要组成,也是池塘生态系统食物链的重要一环,一些经济鱼类是以浮游动物和浮游植物为饵料，因此，他们与渔业生产有十分密切的关系。同时，池塘中浮游植物的种类组成，又因池水有机质和营养盐类的含量及其他因素的不同而有显著差别，其大量繁殖将成为决定水色(质)的主要原因之一。

3. 水体中浮游生物的调查

(1) 制备临时装片

用滴管吸取池塘水样一滴于载玻片中央，慢慢盖下盖玻片，制临时装片，置显微镜下观察、绘图及初步鉴定。

(2) 池水中的浮游植物(图 21-1)

1) 小球藻。为淡水中最常见的单细胞藻类。在低倍视野中，它们像绿色的小点单独或群聚成团。用高倍镜观察，小球藻为圆形或略椭圆形，细胞内有一杯形载色体。

2) 衣藻。也是常见单细胞藻类。先用低倍镜后用高倍镜观察，可见有些呈卵形、椭圆形或呈圆形，细胞壁较厚，胞内也存在载色体。与小球藻最大的不同是其体前端有两根鞭毛，能游动，此即为衣藻。

3) 空球藻。定形群体球形或椭圆形，由 8~64 个细胞，多为 32 个细胞，排列成为 1 层，共同埋藏于 1 个胶被之内；每个细胞与 1 个衣藻相似：有 1 个细胞核、1 个含有蛋白核的色素体、1 个眼点、2 个伸缩泡、2 根鞭毛伸出胶被之外。

4) 盘星藻。植物体由 2~128 个，但多数是由 8~32 个细胞构成的定型群体，细胞排列在一个平面上，体呈辐射状；每个细胞内常有一个周位的盘状的色素和一个蛋白核，有一个细胞核；细胞壁光滑，或具各种突出物，有的还具各种花纹。

5) 硅藻。在显微镜的低倍视野中还可以看到一类形状比较特殊的单细胞藻类——硅藻，它们的形状多样，有圆形、新月形、弓形或其他形状，但细胞壁是由两个瓣片套合而成，用高倍镜观察，可见瓣面上有花纹。硅藻在海水尤其是淡水中分布普遍，是鱼类和很多其他水生动物的食料，硅藻死亡后，其细胞壁形成的硅藻土有多种工业用途。

(3) 池水中的浮游动物(图 21-2)

1) 绿眼虫。眼虫是单细胞生物。在低倍镜下观察，可看到许多绿色游动的小虫子，它们常呈现出一种蠕动，这就是眼虫。选择一个游动缓慢的眼虫移至高倍镜下观察，可见眼虫的前端钝圆，后端尖削。虫体前端有一个红色的眼点，细胞内有许多绿色的椭圆形小体——叶绿体，所以身体呈绿色，绿眼虫的名称即由来于这两个特征。将光线调节暗些，可看见虫体的前端有一根鞭毛，在不停地摆动从而带动身体运动。

2) 喇叭虫。在低倍镜下移动装片，寻找单细胞动物喇叭虫。其虫体可伸缩，伸展时，体呈喇叭形。体表具成行的纤毛，口围有一圈口缘小膜带，顺时针旋至口旁。多数种类大核呈念珠状或长棒状，小核多个极小。

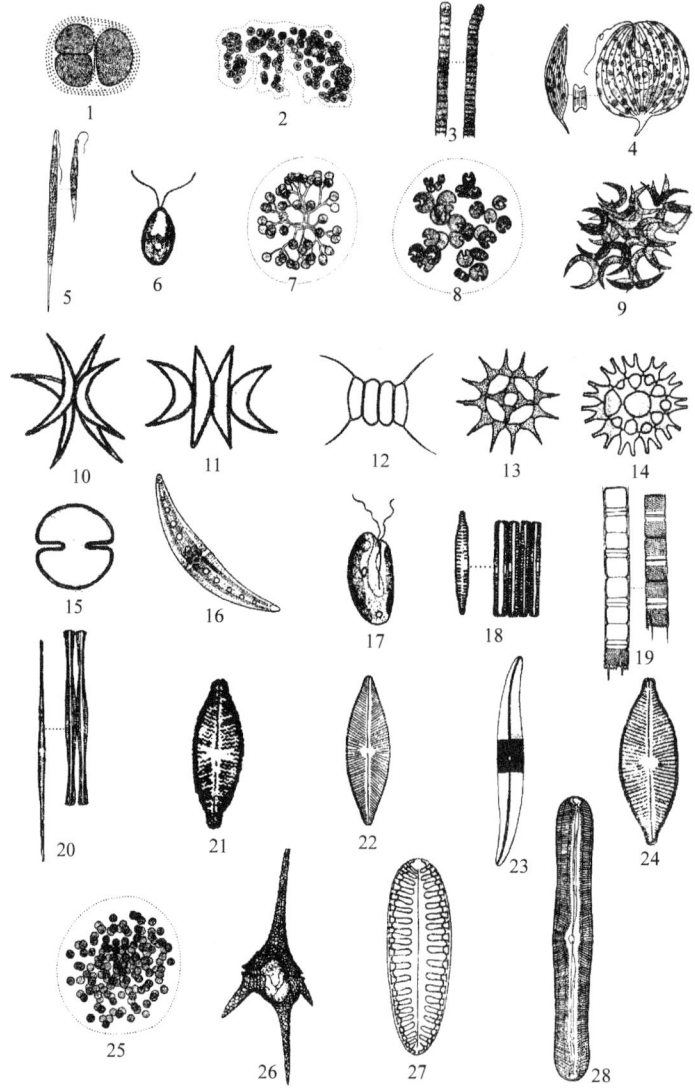

图 21-1 常见浮游植物(汪小凡和杨继,2006)

1.色球藻属(*Chroococcus*);2.微囊藻属(*Microcystis*);3.颤藻属(*Oscillatoria*);4.扁裸藻属(*Phacus*);5.裸藻属(*Euglena*);6.衣藻属(*Chlamydomonas*);7.网球藻属(*Dictyosphaerium*);8.蹄型藻属(*Kirchneriella*);9.月牙藻属(*Selenastrum*);10.栅藻属(*Scenedesmus*);11.栅藻属(*Scenedesmus*);12.栅藻属(*Scenedesmus*);13.盘星藻属(*Pediastrum*);14.盘星藻属(*Pediastrum*);15.鼓藻属(*Cosmarium*);16.新月藻属(*Closterium*);17.隐藻属(*Cryptomonas*);18.脆杆藻属(*Fragilaria*);19.直链藻属(*Melosira*);20.脆杆藻属(*Fragilaria*);21.舟形藻属(*Navicula*);22.舟形藻属(*Navicula*);23.布纹藻属(*Gyrosigma*);24.舟形藻属(*Navicula*);25.隐球藻属(*Aphanocapsa*);26.角甲藻属(*Ceratium*);27.双菱藻属(*Surirella*);28.羽纹藻属(*Pinnularia*)

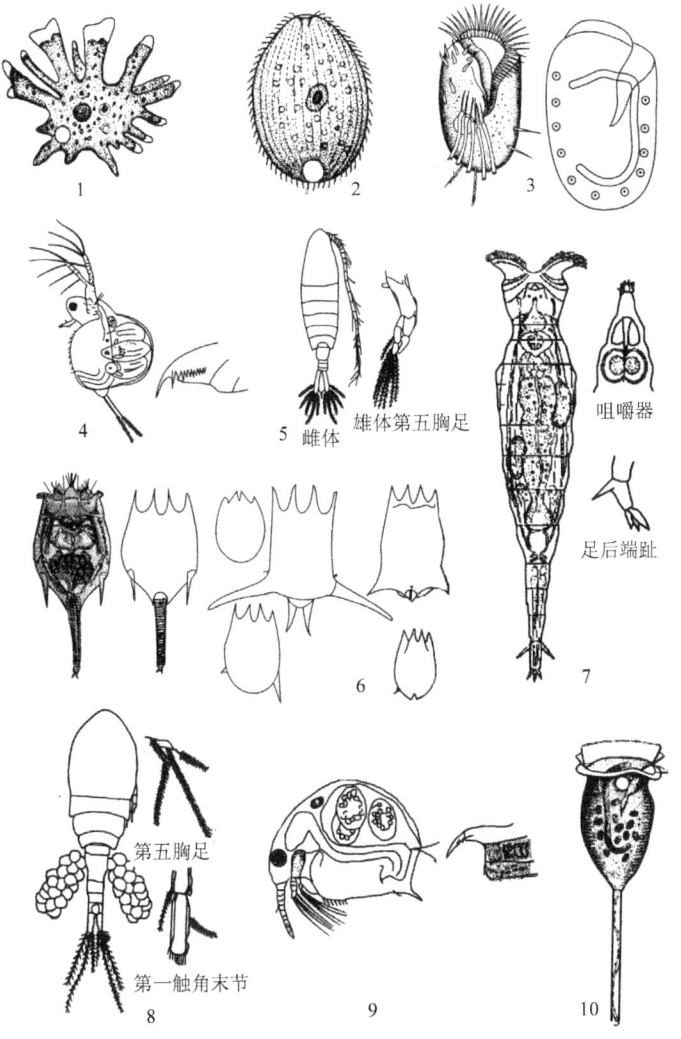

图 21-2 常见浮游动物(周凤霞和陈剑虹，2005)

1.无恒多卓变虫(*Polychaos dubium*)；2.腔裸口虫(*Holophrya atra*)；3.阔口游仆虫(*Euplotes eurystomus*)；4.微型裸腹溞(*Moina micrura*)；5.汤匙华哲水蚤(*Sinocalanus dorrii*)；6.不同形态的萼花臂尾轮虫(*Brachionus calyci florus*)；7.转轮虫(*Rotaria rotatoria*)；8.广布中剑水蚤(*Mesocyclops leuckarti*)；9.长额象鼻溞(*Bosmina longirostris*)；10.沟钟虫(*Vorticella convallaria*)

3) 钟虫。继续在低倍镜下寻找钟虫。钟虫形似倒置的钟，钟口即口缘有纤毛，纤毛不停地快速摆动，虫体其他部分无纤毛。反口端有一柄，以柄附于水草或其他物体上轻触载玻片，可见柄能伸缩。钟虫也是单细胞动物。

4) 大草履虫。在低倍视野中，还可以看到较眼虫稍大的单细胞动物——大草履虫。由于草履虫一般运动迅速，为限制草履虫的游动以便观察，有必要重新做一张装片。将少许棉花撕松，铺在载玻片上，滴一滴池塘水，盖好盖玻片，在低倍镜下观察。如果还不能拦阻草履虫，则将吸水纸放在盖玻片的一侧吸去部分水(注意不要吸干)再进行观察。

在低倍镜下可见虫体酷似倒置的草鞋底。将光线调暗一些，可看到虫体满覆纤毛，时时在摆动。

5) 轮虫。轮虫是体型极小的多细胞动物。在低倍镜下观察，可见虫体前端轮盘状，沿轮盘边缘丛生着纤毛，纤毛不停地摆动，使虫体运动。身体中部即躯干部膨大，其内主要是内脏。躯干部向后渐削细，为足部。调节标本移动器，将轮虫的足部移至视野中央，可见足末端细细的趾附着于玻片或其他物体上。

(4) 不同水体中浮游生物的调查

浮游植物是水生态系统的生产者，是水体生态系统食物链中最基础且最重要的一个环节，其种类和数量的变化直接或间接地影响着其他水生生物的分布和丰度，甚至会影响整个生态系统的稳定。此外，浮游植物与水质的关系密切，不同类群对水环境变化的敏感性和适应能力各异。因此，利用浮游植物群落结构的多样性来监测评价水体生态环境是一种有效的方法。在自然的、未受污染的河流中，藻类的主要种类是硅藻，少数为蓝藻、绿藻。而河流被污染后，随着污染物的类型和污染程度的不同，从以硅藻占优势逐步演替为蓝绿藻占优势，同时硅藻的种类也发生相应的改变。

水质状况较好的水体，一般藻类种类数较多且种间比例较均匀，因而多样性指数 H 较大，均匀度指数 E 较高；反之在重污染水体，种类数少且种间比例不均匀，多样性指数较小，均匀度指数低。

采集不同水体或同一水体(池塘、水库)不同季节的水样，经固定后，作为调查样品。分组，镜检待调查水样中浮游生物的种类和数量，分析不同样品中浮游生物的类群和分布，探讨其优势种种群和群落结构的特征指数，据此可以一定程度上反映出调查水体的环境变化(污染等)。

【作业与思考题】

1. 绘出你所观察到的池塘中浮游生物的简图，并探讨他们的多样性？
2. 分析待测水样中浮游生物与其水质的关系？

实验22 草履虫的培养和在有限环境中的种群增长

【目的与要求】

学习草履虫的采集、培养方法，通过实验了解种群增长是受环境条件限制的。

【器材、试剂及材料】

显微镜，血球计数板，锥形瓶(250 mL，500 mL)，烧杯(500 mL，1000 mL)，恒温箱，吸管，移液管(0.1 mL，1 mL)，滴管，纱布，离心机，剪刀等。

砷汞饱和溶液。

草履虫，稻草煎出液，玉米粉。

【实验原理】

种群增长与 Logistic 方程：在自然条件下，因受空间，食物等必需资源的限制，动物种群不可能呈"J"形增长。随着种群数量的增加，个体间对资源的竞争相应增加，以致影响种群的生长率和存活率，使种群增长率下降，种群数量停止增加甚至下降。Logistic 方程是描述在资源有限的条件下种群增长规律的一个最佳数学模型。Logistic 方程表达式如下：

$$dN/dt = rN[1-(N/K)]$$

式中，N 是在时间 t 时的种群数量；K 是环境条件所允许的种群数量的最大值；r 是种群的瞬时增长率。

Logistic 增长方程所描述的增长曲线呈"S"形，如图 22-1 所示。

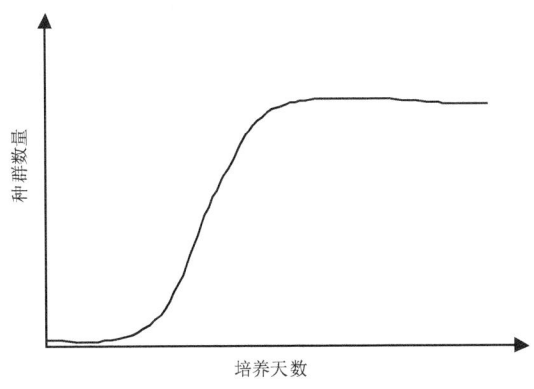

图 22-1 Logistic 增长曲线

该模型有 2 个基本假设：

(1) 设想存在一个环境条件所允许的最大 K 值，当种群数量达到 K 值时不再增长，即 $dN/dt=0$。

(2) 假设制约种群增长的因素是简单地与个体数量的增加呈正相关。

【内容与操作】

1. 草履虫的采集和培养

(1) 采集

在水稻田的水中，在有机质丰富、阳光充足、水不大流动的淡水池塘或水沟中一般有草履虫生活，特别是在细菌丰富的水中，草履虫更多，密度大时水呈灰白色。

(2) 培养液的准备

目前，由于野外采集困难，一般采用培养草履虫的方式来提供实验所需的草履虫。要培养草履虫，首先要准备培养液。取稻草 10 g，剪成长 3 cm 左右的小段，放在 1000 mL 水中煮沸 30 min(煎出液呈淡黄棕色)，冷却备用。用纱布包住盛稻草液的烧杯口，防止蚊子等昆虫到培养液中产卵，因为蚊子等昆虫的幼虫会吞食草履虫；搁置 1 d 后便可以作为草履虫的培养液。

(3) 培养

将采集来的草履虫或含有胞囊的稻草秆接种在盛有培养液的烧杯中，置于 20~25℃、不被阳光直射的地方培养 7 d 左右，就可获得大量的草履虫。另外，可在培养液中加少量玉米粉等物质可促进草履虫的繁殖。

2. 草履虫在有限环境中的种群增长

(1) 制备草履虫原液

可将培养的草履虫低速离心浓缩制得。

(2) 确定培养液中草履虫的最初密度

先用吸管吸取 1 滴砷汞饱和液于血球计数板上，然后用 0.1 mL 移液管吸取草履虫原液滴在血球计数板上，则草履虫被固定，可以在显微镜下观察计数。用这种方法反复取样观察草履虫原液 1 mL，统计出 1 mL 原液中的草履虫数，估算出草履虫原液的种群密度。

(3) 培养观察

吸取草履虫原液，放在新鲜的稻草煎出液中稀释，使培养液的草履虫密度为 5~10 只/mL，作为实验第 1 天的种群的密度。将稀释的草履虫培养液倒在 250 mL 的三角瓶中，草履虫培养液的量以占三角瓶容积的 1/2 为宜。

为了确保结果准确，应再检测一下三角瓶中培养液的草履虫种群密度，正式确定培养液中第 1 天的种群密度。

用纱布罩上已确定培养液种群密度的三角烧瓶，分两组放在 18~20℃ 的恒温箱中培养，每组3个重复。每天定时测定1次草履虫的密度。第一组不进行任何处理。第二组分别在第3天和第5天加入相当于种群培养液的1/20的稻草段煎出液。观察结果记入表22-1。

表22-1 草履虫种群密度统计结果

培养天数/d	观测虫数/(只/mL)					
	第一组			第二组		
	1	2	3	1	2	3
1						
2						
3						
4						
5						
6						
7						
8						
9						
10						

另外，在实验设计方面也可探究不同培养温度(如15℃、20℃、25℃、30℃)和不同生存空间(三角瓶250 mL、100 mL)对草履虫种群增长的影响，以确定草履虫的最适生长温度和合适的生存空间。

(4) 数据与逻辑斯谛方程的拟合

$$dN/dt=rN[1-(N/K)]$$

r 可以根据 $y=ax+b$ 来求得。其中 $a=r$，$x=t$。

选择有效数据进行逻辑斯谛方程的拟合，以反映种群增长状况。

【作业与思考题】

1. 两组实验结果为什么不同？
2. 自然界的种群是否能够无限增长，为什么？

实验 23　光照、温度对种子萌发的影响

【目的与要求】

掌握种子萌发所必须具备的外界条件，如充足的水分、适宜温度和足够的氧气等。

【器材、材料及材料】

光照培养箱，恒温培养箱，铲子，花盆，营养土，培养钵。

菜豆种子。

【内容与操作】

1. 光照对于种子萌发的影响

问题的提出：光照对种子萌发有影响吗？作出假设：种子的萌发也许需要光照，在有光照的条件下它才能发芽得更好。

(1) 精选 40 粒完整、饱满、大小相当的菜豆种子，分成 2 组(实验组 B 组，无光照；对照组 A 组，有光照)，分别放入装有相同营养土的培养钵中。

(2) 把 A 组花盆放入光照培养箱培养，B 组放在黑暗、空气流畅的培养箱中。

(3) 为期 10 d 时间，对两组菜豆萌发状况进行观察，详细记录有关数据和现象。

2. 温度对于种子萌发的影响

问题的提出：温度对种子萌发有影响吗？作出假设：种子的萌发需要适宜的温度。

(1) 精选 60 粒完整、饱满、大小相当的菜豆种子。分成 3 组(实验组 A 组，−4℃；实验组 B 组，25℃；实验组 C 组，40℃)，分别放入装有相同营养土的培养钵中。

(2) 实验组 A 组(−4℃)，实验组 B 组(25℃)，实验组 C 组(40℃)，每组均放入 20 粒菜豆，均给予足够的水分，放在恒温的营养箱中。

(3) 为期 10 d 时间，对 3 组菜豆萌发状况进行观察，详细记录有关数据和现象。

【作业与思考题】

1. 光照对种子萌发的影响记录(表 23-1)。

表 23-1　光照对菜豆种子萌发率的影响

日期	实验组(B 组)	对照组(A 组)

2. 温度对种子萌发的影响记录(表 23-2)。

表 23-2　温度对菜豆种子萌发率的影响

日期	实验组 A 组(-4℃)	实验组 B 组(25℃)	实验组 C 组(40℃)

3. 实验结果分析。

实验 24　实验室环境和人体表面微生物的检查

【目的与要求】
1. 证明实验室环境与体表存在微生物。
2. 比较来自不同场所与不同条件下细菌的数量和类型。
3. 观察不同类群微生物的菌落形态特征。
4. 体会无菌操作的重要性。

【实验原理】
　　平板培养基含有细菌生长所需要的营养成分，当取自不同来源的样品接种于培养基上，在适宜温度下培养1~2 d内每一菌体即能通过很多次细胞分裂而进行繁殖，形成一个可见的细胞群体集落，称为菌落。每一种细菌所形成的菌落都有其自己的特点，如菌落的大小，表面干燥或湿润、隆起或扁平、粗糙或光滑，边缘整齐或不整齐，菌落透明或半透明或不透明，颜色以及质地疏松或紧密等。因此，可通过平板培养来检查环境中细菌的数量和类型。

【器材、试剂及材料】
　　高压蒸汽灭菌锅，超净工作台，电子天平，恒温培养箱，电热恒温鼓风干燥箱，霉菌培养箱，超声波清洗器，移液器，振荡培养箱，体视显微镜等。
　　牛肉膏蛋白胨琼脂平板，无菌水，灭菌棉签(装在试管内)，培养皿，接种环，试管架，酒精灯，记号笔，废物缸等。
　　琼脂，NaOH，牛肉浸膏，蛋白胨，蔗糖，碘液，二甲苯，95%乙醇，香柏油，亚甲蓝，结晶紫，石炭酸复红，番红，孔雀绿，棉蓝等。
　　马铃薯培养基(PDA)配方：马铃薯200 g、蔗糖20 g、琼脂20 g、水1000 mL。
　　牛肉膏蛋白胨培养基配方：牛肉膏3 g、蛋白胨10 g、NaCl 5 g、琼脂20 g、水1000 mL，pH 7.4~7.6。
　　马铃薯(市购)。

【内容与操作】
　　每组在"实验室"和"人体"两大部分中各选择一个内容做实验，或由教师指定分配，最后结果供全班讨论。
　　1. 写标签
　　任何一个实验，在动手操作前均需首先将器皿用记号笔做上记号，写上班级、姓名、日期，本次实验还要写上样品来源(如实验室空气或无菌室空气或头发等)，字尽量小些，写在皿底的一边，不要写在当中，以免影响观察结果。

培养皿的记号一般写在皿底上。如果写在皿盖上,同时观察两个以上培养皿的结果,打开皿盖时,容易混淆。

2. 实验室细菌检查

(1) 空气 将一个肉膏蛋白胨琼脂平板放在当时做实验的实验室,移去皿盖,使琼脂培养基表面暴露在空气中;将另一肉膏蛋白胨琼脂平板放在无菌室或无人走动的其他实验室,移去皿盖。1 h 后盖上两个皿盖。

(2) 实验台

1) 用记号笔在皿底外面中央画一直线,再在此线中间处画一垂直线。

2) 取棉签:左手拿装有棉签的试管,在火焰旁用右手的手掌边缘和小指、无名指夹持棉塞(或试管帽),将其取出,将管口很快地通过酒精灯的火焰,烧灼管口;轻轻地倾斜试管,用右手的拇指和食指将棉签小心地取出。塞回棉塞(或试管帽),并将空试管放在试管梁上。

3) 弄湿棉签:左手取灭菌水试管,如上法拔出棉塞(或试管帽)并烧灼管口,将棉签插入水中,再提出水面,在管壁上挤压一下以除去过多的水分,小心将棉签取出,烧灼管口,塞回棉塞(或试管帽),并将灭菌水试管放在试管梁上。

4) 取样:将湿棉签在实验台面上擦拭约 2 cm^2 的范围。

5) 接种:在火焰旁用左手拇指和食指或中指使平皿开启成一缝。再将棉签伸入,在琼脂表面顶端接种,即滚动一下,立即闭合皿盖。将原放棉签的空试管拔出棉塞(或试管帽),烧灼管口,插入用过的棉签,将试管放回试管架。

6) 画线:另取接种环在火焰上灭菌,按图 24-1 方法进行画线,整个画线操作均要求无菌操作,即靠近火焰,而且动作要快。

3. 人体细菌的检查

(1) 手指(洗手前与洗手后)

1) 分别在两个琼脂平板上标明洗手前与洗手后(班级、姓名、日期)。

2) 移去皿盖,将未洗过的手指在琼脂平板的表面,轻轻地来回画线,盖上皿盖。

3) 用肥皂和刷子,用力刷手,在流水中冲洗干净,干燥后,在另一琼脂平板表面来回移动,盖上皿盖。

(2) 头发

在揭开皿盖的琼脂平板的上方,用手将头发用力摇动数次,使细菌降落到琼脂平板表面,然后盖上皿盖。

A.接种时,用左手将平皿开启一缝;B.棉签伸入平板接种;C. 用已灭菌并冷却的接种环画线;D.第二部分画线;E.最后部分画线。

(3) 咳嗽

将去皿盖的琼脂平板放在离口 6~8 cm 处,对着琼脂表面用力咳嗽,然后盖上皿盖。

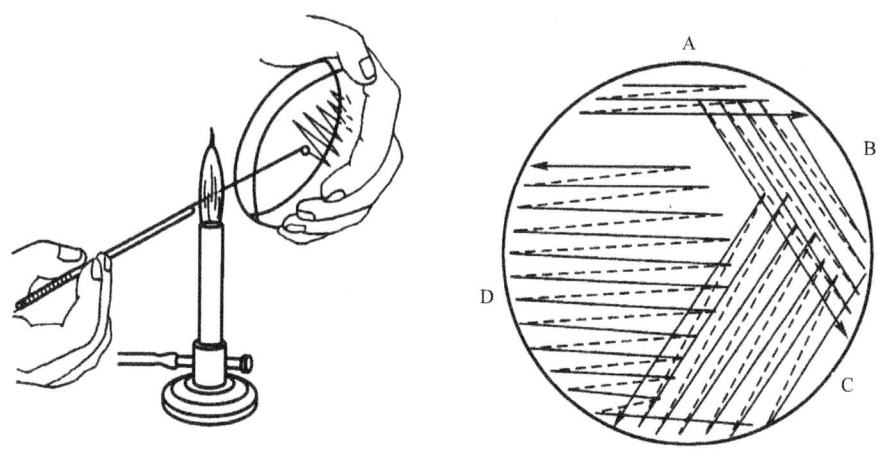

图 24-1　平板划线方法示意图(周德庆，2006)

A. 面积最小，作为待分离菌的菌源区；B.和 C. 逐级稀释的过渡区； D. 是关键区，使该区出现大量的单菌落以供挑选纯种用

(4) 鼻腔

1) 按照实验台检查法的步骤 2)和 3)，取出棉签，并将其弄湿。
2) 用湿棉签在鼻腔内滚动数次。
3) 按实验台检查法的步骤 5)和 6)，接种与画线，然后盖上皿盖。

4. 将所有的琼脂平板翻转，使皿底朝上，放于 37℃培养箱中，培养 1~2 d。

【结果记录方法】

1. 菌落计数在画线的平板上，如果菌落很多而重叠，则数平板最后 1/4 面积内的菌落数。不是画线的平板，也一分为四，数 1/4 面积的菌落数。

2. 根据菌落大小、形状、高度、干湿等特征观察不同的菌落类型。但要注意，如果细菌数量太多，会使很多菌落生长在一起，或者限制了菌落生长而变得很小，因而外观不典型，故观察菌落的特点时，要选择分离得很开的单个菌落。

菌落特征描写方法如下：

(1) 大小：大、中、小、针尖状。可先将整个平板上的菌落粗略观察一下，再决定大、中、小的标准，或由教师指出一个大小范围。

(2) 颜色：黄色、金黄色、灰色、乳白色、红色、粉红色等。

(3) 干湿情况：干燥、湿润、黏稠。

(4) 形态：圆形、不规则等。

(5) 高度：扁平、隆起、凹下。

(6) 透明程度：透明、半透明、不透明。

(7) 边缘：整齐、不整齐。

实验 24 实验室环境和人体表面微生物的检查

【实验报告】

实验结果

(1) 将你自己的平板结果记录于表 24-1 中

表 24-1 平板上菌落数和菌落特征描述

样品来源	菌落数(近似值)	菌落类型	特征描述					
			大小	形态	干湿	高度	透明度	颜色	边缘
1			1						
			2						
			3						
			4						
			5						
2			1						
			2						
			3						
			4						
			5						

(2) 与其他小组所做的结果进行比较,结果见表 24-2。

表 24-2 不同样品来源的菌落数及其特征比较

样品来源	菌落数(1/4 平板)	菌落类型数(近似值)

【作业与思考题】

1. 比较各种来源的样品,哪一种样品的平板菌落数与菌落类型最多?

2. 人多的实验室与无菌室(或无人走动的实验室)相比,平板上的菌落数与菌落类型有什么区别?你能解释一下造成这种区别的原因吗?

3. 洗手前后的手指平板,菌落数有无区别?

4. 通过本次实验,在防止培养物的污染与防止细菌的扩散方面,你学到些什么?有什么体会?

实验 25　生境与植物叶片形态结构、气孔分布的关系

【目的与要求】

1. 了解不同生境植物叶片结构特点，及其如何适应不同的生态环境。
2. 比较不同生态类型植物的气孔数目及密度，认识不同植物对环境的适应。

【实验原理】

生境是指生物最直接的生活条件的场所。由于植物生活环境的差异，导致植物的器官在形态、结构上的差异。

叶片是植物的重要器官，它有两大生理功能，光合作用和蒸腾作用。蒸腾作用是根系吸收水分的动力之一，植物根系吸收的矿物质主要是随蒸腾液流上升并转运到植物体的其他部位。另外，蒸腾作用也能降低叶片的表面温度，从而使叶片在强烈的日光照射下，不至于因温度过分升高而受损伤。但蒸腾作用会消耗很多植物体内的水分，因而植物根系吸收的水分和叶片蒸腾作用消耗的水分之间需达到一个等量的状态，即水分平衡状态。植物在长期的进化过程中，逐渐形成了防止水分过分散失的结构，如叶表面的角质层、密生茸毛、气孔下陷或形成气孔窝、叶片内储水组织发达等，都是为了适应保持水分、减少水分蒸腾的特征。植物生活于不同的生态环境中其叶片的这些适应性结构不同，形态变化也较大。

气孔是叶、茎及其他植物器官上皮上许多小的开孔之一，是高等植物表皮所特有的结构。常把保卫细胞之间形成的凸透镜状的小孔称为气孔。气孔通常存在于植物体的地上部分，尤其是在叶表皮上，在幼茎、花瓣上也可见到，但多数沉水植物则没有。一般在叶下表皮较多，也有的仅在上表皮。气孔是植物与外界环境之间进行气体交换和水分蒸腾的主要通道。不同生态类型的植物，气孔数目及密度是不同的，而且，气孔能够随环境因子的变化灵敏地改变其开度。因此，了解不同植物气孔的分布、密度和运动等特征对于研究植物的光合作用和蒸腾作用，以及环境因素和化学物质对植物影响等方面都具有重要的意义。

【器材、试剂及材料】

显微镜，显微镜测微尺，镊子，毛笔，载玻片，盖玻片，滴瓶，火棉胶，乙二醇，异丁醇等。

菹草(*Potamogeton crispus*)，浮叶眼子菜(*Potamogeton natans*)，黑藻(*Hydrilla verticillata*)，芦荟(*Aloe vera* var. *chinensis*)，夹竹桃(*Nerium oleander*)，马尾松(*Pinus massoniana*)，慈姑(*Sagittaria trifolia* var. *sinensis*)，普通小麦(*Triticum aestivum*)，凤眼蓝(*Eichhornia crassipes*)，浮萍(*Lemna minor*)，女贞(*Ligustrum lucidum*)，玉簪

(*Hosta plantaginea*)、海芋(*Alocasia odora*)、虎耳草(*Saxifraga stolonifera*)、豆瓣绿(*Peperomia tetraphylla*)等植物的叶片。

【内容与操作】

1. 不同生境下植物叶片形态结构观察比较

采集水生、旱生环境，阳地、阴地植物的叶，用徒手切片法制作临时装片，观察不同的环境条件下植物叶片结构的差异，并绘图，完成表25-1，分析植物叶片的形态结构与生理功能以及与生态条件的适应关系。

表 25-1 不同植物叶片形态结构比较

观察项目	植物种类					
	普通小麦	蕴草	夹竹桃	马尾松	凤眼蓝	芦荟
叶形、大小						
厚度、质地						
气孔数目、类型						
表皮附属物						
叶肉细胞						
栅栏组织						
海绵组织						
生长环境						

2. 气孔数目及密度的测定

1) 每种实验植物选定3株，在每株上选取3片健康叶片，用毛笔将火棉胶分别涂在选定的叶片的上表皮和下表皮上。

2) 数分钟后，撕下火棉胶膜(表皮的印迹)，制成叶片表皮装片，置于显微镜下计数视野中气孔的数目 a，移动载玻片，在膜的不同部位进行5或6次计数，求其平均值。

3) 按同样方法，依次观测每种实验植物的每个选定植株，每个选定叶片的上、下表皮。

4) 显微镜视野面积 S 可根据公式 $S=\pi r^2$ 求得，其中 r 可用目镜测微尺测得(显微测微尺的使用见第1篇第一章 显微镜的构造和使用方法)。

5) 根据所观测的数据，分别求出每种的上表皮和下表皮的气孔密度。
气孔的密度＝a/S(气孔数/mm^2)。

3. 气孔开闭状况的观测

1) 按表 25-2 比例，分别配制不同体积比的混合浸润液体，备用。

表 25-2　不同体积比的混合浸润液

浸润液编号	I	II	III	IV	V	VI
乙二醇/%	10	20	30	40	50	60
异丁醇/%	90	80	70	60	50	40
气孔开度	1	2	3	4	5	6

2) 在室外选定几种植物。测定时，选择健康叶片，在叶片表面滴一滴 I 号液体，若在数秒钟内有暗绿小斑点出现，表示 I 号液体已浸入叶内，接着在相邻处再滴一滴 II 号液体，若可浸入，再滴 III 号液体；如 III 号液体不能浸入，则气孔开度数值可以 2 表示之，其余依次类推。

3) 测定从上午开始，每 1~2 h 测定 1 次，每次每种植物测定 3~5 片叶片。

【作业与思考题】

1. 绘出菹草、夹竹桃、马尾松、凤眼蓝、普通小麦、芦荟等植物叶片的形态结构图，比较其异同点。
2. 说明植物叶片对生活环境(水生、旱生环境；阳地、阴地植物等)的适应性的形态结构特点。
3. 结合气孔数量、密度、大小的观测结果，分析生境与不同生态类型植物气孔分布的关系？
4. 根据浸润法所测得的结果，说明植物的气孔在 1 d 中的不同时间的开闭状况，讨论气孔的生理活动对环境条件变化的反应和气孔对植物气体变换的影响？

实验26　植物总黄酮的提取分离及其含量测定

【目的与要求】
1. 学习和掌握植物总黄酮的提取方法。
2. 学习制备硅胶薄层色谱的基本操作，掌握薄层分离检识黄酮的基本原理。
3. 学习显色法测定总黄酮含量的原理，掌握分光光度计的操作方法。

【器材、试剂及材料】
分析天平，恒温水浴锅，通风橱，恒温干燥箱，KQ5200DB型数控超声波清洗器，UV1100型紫外可见光分光光度计，ZF-I型三用紫外分析仪，RE-52AA旋转蒸发仪，SHB III 循环水式多用真空泵，薄层层析系统，索氏提取器，移液器，毛细管，酒精灯等。

薄层用硅胶G(100~200目)，芦丁，亚硝酸钠，硝酸铝，氢氧化钠，三氯化铝，羧甲基纤维素钠(CMC-Na)，石油醚(沸程60~90℃)，95%乙醇，氯仿，甲醇，甲酸，丙酮，盐酸，甲苯，正丁醇，吡啶等。

含黄酮的植物材料如银杏(*Ginkgo biloba*)，莲(*Nelumbo nucifera*)，野菊(*Chrysanthemum indicum*)，红花寄生(*Scurrula parasitica*)等植物的叶片或花。

【内容与操作】
以醇水溶液为溶剂，采用超声辅助浸提法从植物材料(银杏叶或莲叶等)中制备黄酮类提取物，对提取物中的黄酮类物质进行薄层检识，并采用比色法测定其总黄酮含量。

1. 黄酮的超声辅助提取

基本原理：植物中总黄酮的提取，多采用溶剂提取法，而体积分数为50%~70%的乙醇溶液是常用的提取剂。实际操作中，常采用超声波辅助浸提法进行制备，它的原理是利用超声波产生的强烈振动、高的加速度、强烈的空化效应和搅拌作用等，加速植物材料中有效成分(黄酮类物质)的释放与溶出，同时由于超声波的热效应，可使水温升高至50℃左右，对原料有水浴作用。因此，超声波法不仅大大缩短了提取时间，而且提高了有效成分的提取率以及原料的利用率。

实验步骤：若以植物叶片为材料，预先将叶片在110℃下杀青5~10 min后，50℃恒温烘干24 h，经粉碎、过筛(80目)处理，再置于索氏提取器中，以石油醚(沸程60~90℃)溶剂，80℃恒温水浴条件下处理4~6 h，去除叶片中叶绿素等亲脂性杂质，备用。称取供试植物前处理后粉末约10g，加80 mL 体积分数为70%的乙醇溶液，浸泡3~5 h后，超声波处理约0.5 h，抽滤。滤渣再加80 mL 体积分数为

70%的乙醇，再次超声波提取 0.5 h，抽滤，合并两次滤液，减压回收乙醇得浓缩液，用 60%乙醇定容到 50 mL 或 100 mL，作为供试样液，用于黄酮的检识和含量测定。

2. 黄酮的薄层色谱检识

薄层色谱(thin layer chromatography，TLC)，也称为薄层层析，是色谱法中应用最普遍的方法之一，具有分离速度快、效果好、灵敏度高、操作简单且显色方便等特点，适用于微量样品中活性成分的分离鉴定，黄酮类物质也不例外。

基本原理：将吸附剂或支持剂均匀地铺在玻璃板上，铺成一薄层，然后把要分离的样品点到起始(点)线上，用合适的溶剂展开，最后使样品中各组分得到分离，再对分离的样品进行定性检识。薄层色谱的吸附剂有硅胶、氧化铝等多种，其中硅胶薄层色谱是薄层色谱中最为常见的。薄层色谱多数情况是一种吸附层析，利用吸附剂对化合物吸附能力的不同而达到分离，吸附剂吸附能力的大小与化合物极性大小有关。化合物极性大，被吸附剂吸附得牢，R_f值小，反之，化合物极性小，R_f值大。一个化合物在某种吸附剂上R_f值的大小主要取决于展开剂的极性大小，即展开剂极性大，化合物R_f值大，展开剂极性小，化合物的R_f值小。

(1) 薄层色谱板的制备

称取硅胶 G 1.25g，加 0.5%羧甲基纤维素钠水溶液(羧甲基纤维素钠 0.5 g，加 5 mL 乙醇湿润后，加热溶于 100 mL 蒸馏水中)4.8 mL，充分搅拌成糊状后，迅速倒在长 20 cm×宽 5 cm 的玻璃板上，铺匀(图 26-1)，水平放置，待室温晾干后，110℃活化 1 h，备用。

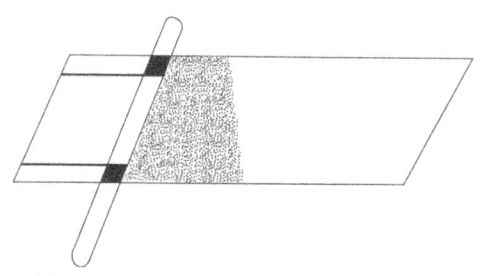

图 26-1　用玻棒涂铺薄层(仿魏群，2002)

(2) 薄层色谱的基本操作

1) 点样：取一根毛细管，用酒精灯拉细后，分别吸取芦丁标准品和样液，在距薄层一端 2 cm 的起始线上点样，样品点直径一般为 2~3 mm，点与点之间的距离一般为 1.5 cm 左右。点样完毕，待溶剂挥干后，供展层。

2) 展开：需要在密闭的容器中进行，根据薄层板的大小，选择不同的色谱槽。配好相应的展开剂，将展开剂倒入色谱槽。黄酮类物质常用的展开剂为氯仿-甲醇(8.5∶1.5)、甲苯-氯仿-丙酮(40∶25∶35)、正丁醇-吡啶-甲酸(40∶10∶2)、甲苯-

甲酸乙酯-甲酸(5∶4∶1)。

将薄层板斜放在盛有展开剂的层析槽内(图 26-2),点有样品的一端浸入溶剂中,深达 0.5 cm 左右,切勿使溶剂浸没原点,盖好层析槽盖,计时,当溶剂前沿达板的另一端 1 cm 左右时,取出薄层板,用铅笔标出溶剂前沿位置。

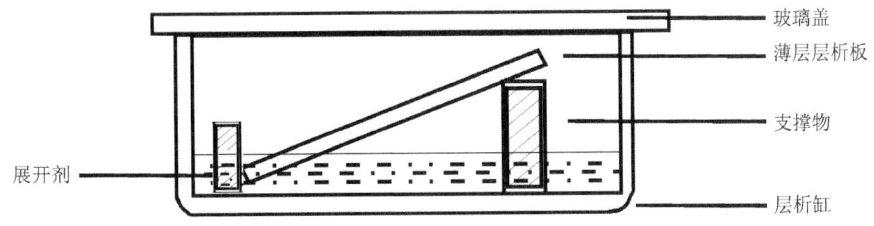

图 26-2 薄层层析装置(仿北京大学生物系生物化学教研室,1985)

3) 显色:取出的薄层板,立即喷雾 1%三氯化铝乙醇溶液,使其显色,计算 R_f 值。

$$R_f = \frac{起始线到样品斑点中心距离}{起始线到溶剂前沿距离}$$

4) 检识:将显色后的薄层板置于可见光和紫外线 254 nm 下观察。与标准品芦丁比较,显色后,斑点在可见光下均呈黄色,而紫外线下均呈黄绿色荧光,且斑点比移值不一致,说明供试提取液中含黄酮类化合物。

3. 标准曲线的制作

黄酮类化合物母核上所含有的游离羟基,在碱性环境下与金属铝形成红色的络合物,在可见光区能形成稳定的特征吸收峰,通过比色法进行测定,达到定量目的。通常以芦丁(芸香苷,rutin,淡黄色针晶,水中结晶者含 3 个结晶水,$C_{27}H_{30}O_{16} \cdot 3H_2O$)作为标准进行比对。结构式见图 26-3。

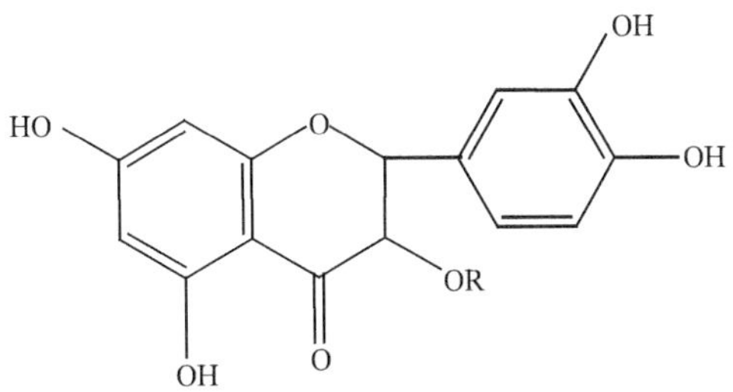

图 26-3 芦丁的结构 (R=－glu-rha)

具体操作方法如下:精确称取 20 mg 芦丁溶于 200 mL 体积分数为 70%乙醇溶液,配成 0.1 mg/mL 的芦丁标准应用液,分别精确吸取该芦丁标准应用液 0.5

mL、1.0 mL、2.0 mL、3.0 mL、4.0 mL 于 6 只具塞试管中；依次加体积分数为 30% 乙醇溶液各 4.5 mL、4.0 mL、3.0 mL、2.0 mL、1.0 mL，使各管总体积均为 5 mL。向各管中加入质量分数为 5%的亚硝酸钠溶液 0.3 mL，摇匀，放置 6 min；加入质量分数为 10%的硝酸铝溶液 0.3 mL，摇匀，放置 6 min；加 1 mol/L 的氢氧化钠溶液 4 mL；最后加高纯水 0.4 mL，摇匀，静置 15 min；采用分光光度法，以不含芦丁应用液的空白管调零，在波长 510 nm 处测定各管的吸光度，填表 26-1。以吸光度值对标样含量(mg)得标准曲线，经线性回归得回归方程，结果见图 26-4。

表 26-1　标准芦丁与吸光度(硝酸铝显色法)

序号	1	2	3	4	5
标准芦丁量(mg/mL)	0.1	0.2	0.3	0.4	0.5
A_{510nm} 值					

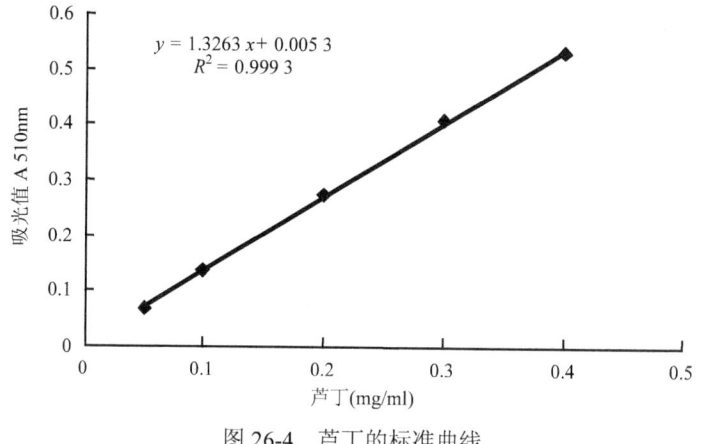

图 26-4　芦丁的标准曲线

4. 植物提取液中总黄酮含量的测定

称取 1 g 预处理后的叶粉末，以体积分数为 70%的乙醇溶液为溶剂进行超声辅助浸提，滤液定容至 50 mL，或直接用上述浓缩液经稀释得，相当于 20 mg/mL 样品的供试样液，备测。

分别取 0.5 mL 样液于 3 支具塞试管中，用体积分数为 30%乙醇补充至 5 mL，分别加 5%亚硝酸钠溶液 0.3 mL，摇匀，室温放置 6 min，加 10%硝酸铝溶液 0.3 mL，摇匀，室温放置 6 min 后加 1 mol/L 的氢氧化钠溶液 4 mL 和蒸馏水 0.4 mL，摇匀，室温放置 15 min，以 5 mL 30%乙醇代替样液进行调零，用分光光度计于 510 nm 处，测定供试样品的吸光度，填入表 26-2。代入回归方程计算所测样液的黄酮量。

样品总黄酮含量计算：

$$黄酮含量(以芦丁计)(\%) = 100CV_1/WV_2$$

式中，C 为样液含黄酮量(mg/mL)；V_1 为浸提定容体积(mL)；V_2 为显色反应测定时取用样液体积(mL)；W 为样品质量(g)。

表 26-2　样品中黄酮含量

材料	取样量	样液中吸光度 $A_{510\,nm}$			样液 A 值均值	样液中的黄酮量 /(mg/g)	材料中总黄酮含量/%
		1	2	3			

5. 含黄酮植物材料的筛选和讨论

黄酮类化合物是一大类天然产物，广泛存在于植物的各器官中，也是许多中草药的有效成分。在自然界中最常见的是黄酮和黄酮醇，其他包括双氢黄酮(醇)、异黄酮、双黄酮、黄烷醇、查尔酮、橙酮、花色苷等。天然来源的生物黄酮，其分子质量小，能被人体迅速吸收，能通过血脑屏障，能进入脂肪组织，进而体现出如下功能：消除疲劳、保护血管、防动脉硬化、扩张毛细血管、疏通微循环、抗脂肪氧化、抗衰老等。黄酮类化合物具有抗癌、抗肿瘤、抗心脑血管疾病、抗炎镇痛、免疫调节、降血糖、抗氧化、抗衰老、抗辐射等作用。近年来，世界上掀起了植物药开发的热潮，植物药以其天然低毒的特点备受青睐，而黄酮类化合物以其广谱的药理作用引人瞩目。因此，植物黄酮的开发利用有重要意义价值。为此，首先必须对不同植物来源的材料进行黄酮的筛选，包括提取、检识及含量的测定等。

【作业和思考题】

1. 制备薄层板时应注意什么问题？
2. 黄酮的提取和检识方法有哪些？各有什么优缺性？
3. 植物材料中总黄酮的测定方法哪些，比较它们的优缺点，实验室常采用什么方法？
4. 植物中含黄酮类物质的材料筛选结果如何？

实验27　植物群落的特征调查及分析

【目的与要求】

1. 了解植被调查的方法，学习最基本的植被调查方法，学会整理、分析植物群落的有关资料。

2. 初步掌握植物群落的描述方法，了解植物群落的基本特征。

【器材、试剂及材料】

数码相机，GPS，标本夹，枝剪，采集铲，采集袋，皮尺，测绳，样方架，记录表格等

【内容与操作】

1. 植物群落的基本特征

植物群落调查的最基本的内容包括植物群落的环境、植物种类、群落外貌特征及各种植物的数量特征等几个方面。

群落环境主要包括地形、土壤、水分条件、死地被物、人类影响等方面；地形包括海拔、地势、坡向、坡度等。

群落调查一般要分层次进行，如温带森林群落常分为乔木层、灌木层、草本层、苔藓地衣层及层间植物(藤本植物、附生植物)；南亚热带常绿阔叶林常分为乔木层、灌木层、草本层、藤本层。

群落植物种类成分是指所调查群落的各层次由哪些高等植物组成。进行调查时应采集植物标本或拍摄相应的数码图片。

群落的数理特征主要包括下述一些指标。

(1) 多度

群落内每种植物株数的多少。一般乔木层常用直接计数法进行调查，草本层多用目测估计法。

(2) 密度

单位面积上的植物株数。

(3) 盖度

植物遮盖地面的百分率，可分为投影盖度和基盖度。投影盖度是指植物枝叶垂直投影所覆盖的地表面积，基盖度是指植物基部所占地面面积。

(4) 频度

某种植物在所有样方中出现的百分数。

(5) 重要值

是群落特征的一个综合性指标，用来表示某种植物在群落中的相对重要性。用相对密度、相对频度、相对盖度三个值的和来表示。

(6) 群落的外貌

是群落对生物气候的反映，是由群落的优势种的生活型、物候期来决定的。

2. 群落数量特征的调查方法

对群落的调查，不可能把群落内所有个体一一查清，一般是选取一些有代表性的样地进行调查。根据选取样地的形状和方法的不同，可分为样方、样圆、样条、样线等调查方法。其中应用最广泛的是样方调查法，即取一些正方形或长方形的地段作为群落的代表进行调查。

样方的大小、形状、数目和布局，应根据植物群落的类型、性质、结构等特征来决定。样方的数目还要看调查所需的准确度，一般每个群落选3~5个样地为宜。样方的布局，可以是均匀分布，也可以是随机取样。样方的形状应取决于群落内植物的分布情况及地形等群落特征。样方的大小一般的参考面积是：草本群落$1\ m^2$、灌丛$25\ m^2$、乔木林$100\ m^2$、亚热带常绿阔叶林$400~1600\ m^2$。

选择的样地应具有代表性，植物种类分布均匀、群落结构完整、层次分明、生境一致。

【作业与思考题】

1. 根据调查的结果，编制出植物名录，编制出群落内植物的生活型谱，计算出各种乔木的密度、频度、盖度及其相对值，由此再求得重要值，确定优势种类(具体详见附表27-1~表27-5)。

2. 你所调查的植物群落有什么特点？

附：群落调查常用的一些表格

表27-1 森林植物群落调查表

样方编号：		面积：		日期： 年 月 日	
群落名称：					
地理位置：				海拔	
地形：				土壤：	
死地植物：		覆盖厚度/cm：		覆盖度：	
周围环境：					
植被的季相及其他特征：					

表 27-2　乔木层调查表

样地号：　　　样地面积：　　　总盖度：　　　地理位置：
调查时间：　年　月　日　　调查者：

植物种名	亚层	株数	盖度	高度		冠幅		胸径		枝下高	生活型	物候期	备注
				平均	最高	平均	最大	平均	最大				

注：采用一个适宜的高度(1.3m)来测量胸高直径。

表 27-3　灌木层调查表

样地号：　　　样地面积：　　　总盖度：　　　地理位置：
调查时间：　年　月　日　　调查者：

植物种名	亚层	株数	盖度	高度		胸径		枝下高	生活型	物候期	备注
				平均	最高	平均	最大				

表 27-4　草本层调查表

样地号：　　　样地面积：　　　总盖度：　　　地理位置：
调查时间：　年　月　日　　调查者：

植物种名	亚层	叶层高度	生殖枝的高度	盖度	株数	生活型	生活力	物候期	备注

表 27-5　植物群落特征综合表

样地号：　　　样地面积：　　　总盖度：　　　地理位置：
调查时间：　年　月　日　　调查者：

植物种名	密度	相对密度	优势度	优势度	相对优势度	频度	相对频度	重要值

实验28 生物微核对环境污染的指示

【目的与要求】
1. 了解各种环境污染对生物遗传物质的改变，增强环境保护意识。
2. 掌握快速而简便的微核试验技术。

【实验原理】
环境的三致性，即指环境中物理或者化学污染物对生物的致畸、致癌、致突变性，是目前环境污染中最主要的问题。三致的根本在于致突变，而致畸、致癌常常是致突变的结果。

微核是无着丝点的染色体断片，在有丝分裂后期由于不能向两极移动而游离于细胞质中，在间期细胞核形成时，即可在它附近看到若干个很小的圆形结构，直径是细胞直径的 1/20~1/5，这就是微核(micronucleus)。

微核是常用的遗传毒理学指标之一，指示染色体或纺锤体的损伤。由于这种损伤会因细胞受到的外界诱变因子的作用而加剧，而微核产生的概率又与诱变因子的剂量成正比，因此可以用微核出现的频率来评价环境诱变因子对生物遗传物质的损伤程度。

蚕豆(*Vicia faba*)根尖微核试验在1986年已被中国环境保护局列为一种环境生物测试的规范方法，它作为一种环境变异的检测手段，在我国不少地区的环境保护部门和医疗卫生系统中都有广泛的应用。蚕豆根尖微核实验与染色体畸变试验同样具有准确、快速、操作简便、有明显剂量–效应关系、适合大批量样品检测等特点。美国国家环境保护局也肯定了蚕豆根尖微核试验在环境突变性检测中的作用，对许多环境致癌物都作了标准化的试验，建立了庞大的数据库，并建议在全世界范围内推广。

【器材、试剂及材料】
显微镜，试管(10 mL)，发芽盒，镊子，手术刀，载玻片，盖玻片，滤纸，托盘等。

环磷酰胺，硝酸铅，氯化汞，卡诺氏固定液，盐酸水解分离液，改良苯酚品红染液。

蚕豆、小麦等种子。

【内容与操作】
1. 种子处理

将蚕豆种子洗净后，室温下用蒸馏水浸泡发芽 24 h，然后移入铺有干净纱布的托盘内培养。当初生根长到 1~2 cm 时，选取发育良好的，大小与根长近似的幼根。

将选好的蚕豆芽放入发芽盒中，使根尖完全浸入处理水样中，室温下培养 48 h 后，用蒸馏水洗涤根尖 2 次，再用蒸馏水恢复 24 h，设蒸馏水处理为空白对照，分别用硝酸铅、氯化汞、环磷酰胺染毒处理为实验组。

2. 固定

借助物理方法或化学药剂的作用，迅速透入组织和细胞将之杀死，并且使其结构和内含物如蛋白质、脂肪、糖类以及核物质与细胞器等，在形态结构上尽可能保持生活时的完整和真实状态，同时也更易于染色，可以更清楚地显现细胞在生活时不易看清的结构。

吸取约 5 mL 卡诺氏固定液于 10 mL 试管中，用刀片或小剪刀切取经过处理的长 0.5~1.0 cm 的根尖 10~20 条，放入试管内，用试管塞盖紧，室温下固定 20~24 h，固定液的用量为材料体积的 15 倍以上。

3. 水解分离

水解分离的作用是去除细胞内未固定的蛋白质，同时使胞间层的果胶类物质解体，细胞分散而易于压片观察。用镊子取固定好的蚕豆根尖，放在试管内，加水解分离液 2 mL，室温下处理 8~20 min，倒去水解分离液，再加入固定液 2 mL，软化 5 min，软化对细胞壁起腐蚀作用。然后倒去固定液，用蒸馏水反复冲洗使材料呈白色微透明，以镊子柄轻压能压碎为佳。

4. 染色和压片

切取蚕豆根尖分生组织放在载玻片上纵横切成几段，放在载玻片上，以十字压片法覆以载玻片，用镊子柄或铅笔头轻敲几下，再用拇指用力下压使细胞充分分散，注意不要移动玻片，然后分开两玻片，各滴上 1~2 滴染液，染色 20~30 min 后加上盖玻片，注意不要产生气泡，最后用吸水纸吸去多余染液。

5. 镜检

低倍镜(10×)镜检后，选择细胞分散均匀，细胞无损，染色良好的区域(也可在高倍镜下观察)，每个处理观察 100 个细胞，并记下微核数(两个处理分别记录)。

转到高倍镜(40×)，调节显微镜，寻找有丝分裂各个时期的细胞，并以描点法画出有丝分裂相草图。

【作业与思考题】

1. 处理水样的微核数及本组平均各处理微核率，记录于表 28-1。

表 28-1 处理水样的微核率

处理水样	每 100 个细胞中的微核数			平均微核率
	1	2	3	
①				
②				

2. 微核试验在环境评价中有何意义？
3. 有一种粉末状的化学制剂，如何确定它是否有致突变的作用？
4. 比较三种污染物对蚕豆的致突变作用？

参考文献

白庆笙, 王英永.2007.动物学实验. 北京：高等教育出版社

北京大学生物系生物化学教研室编.1985. 生物化学实验指导.北京:高等教育出版社

高明灿.2007. 生理学实验指导. 上海：第二军医大学出版社

高文和.2001.医学细胞生物学实验与习题.天津：天津大学出版社

何凤仙.1999. 植物学实验. 北京：高等教育出版社

贺学礼.2004. 植物学实验实习指导. 北京：高等教育出版社

侯林, 吴孝兵.2007.动物学. 北京：科学出版社

黄诗笺.2001.动物生物学实验指导. 北京：高等教育出版社, 施普林格出版社

黄秀梨.1999. 微生物学实验指导. 北京：高等教育出版社, 施普林格出版社

解景田, 谢申玲.2002. 生理学实验. 北京:高等教育出版社

李扬汉.1986.植物学(第三版). 上海：上海科学技术出版社

林凤, 邵美妮. 2007. 高等植物分类学野外实习指导. 北京：中国农业大学出版社

路纪琪, 张改平, 刘忠虎.2007. 动物生物学野外实习指导. 郑州：郑州大学出版社

彭玲.2009. 普通生物学实验. 武汉：华中科技大学出版社

仇存网, 刘忠权, 吴生才.2010.普通生物学实验指导. 南京：东南大学出版社

沈萍, 范秀容, 李广斌.2001.微生物学实验(第三版).北京：高等教育出版社

沈岳良.2002. 现代生理学实验教程. 北京：科学出版社

田亚平.2006.生化分离原理与技术. 北京：化学工业出版社

汪矛. 2003.植物生物学实验教程. 北京：科学出版社

汪小凡, 杨继.2006.植物生物学实验(第二版). 北京：高等教育出版社

王玢, 左明雪. 2004.人体及动物生理学. 北京:高等教育出版社

王全喜, 张小平.2004.植物学. 北京：科学出版社

王庭槐.2004.生理学学习指导. 北京：高等教育出版社

王元秀. 2010. 普通生物学实验指导. 北京：化学工业出版社

王英典, 刘宁. 2001. 植物生物学实验指导(第一版). 北京：高等教育出版社

魏群.2002.生物工程技术实验指导. 北京：高等教育出版社

吴敏, 黄诗笺. 2005. 生命科学导论实验指导(公共课). 北京：高等教育出版社

肖方. 1999. 野生动植物标本制作. 北京:科学出版社

姚家玲. 2000. 植物学实验. 北京：高等教育出版社

姚泰. 2004.生理学. 北京:人民卫生出版社

参考文献

杨继.2003.植物生物学实验.北京：高等教育出版社出版

约翰·马敬能,何芬奇.2000.中国鸟类野外手册.长沙：湖南教育出版社

曾晓春.1988.人体解剖生理学实验.北京:高等教育出版社

张凤岭, 王翠婷.1993.生物技术.吉林：东北师范大学出版社

赵轶千, 王雨若.1985.生理学实验指导.北京:人民卫生出版社

赵遵田, 苗明升.2011.植物学实验教程(第二版).北京：科学出版社

周德庆.2006.微生物学实验教程.北京：高等教育出版社

周凤霞, 陈剑虹.2005.淡水微型生物图谱.北京：化学工业出版社

周仪.2000.植物形态解剖实验(第三版).北京：北京师范大学出版社

周云龙.2004.植物生物学(第二版).北京：高等教育出版社

朱妙章.2009.大学生理学.北京：高等教育出版社

第4部分　附　　录

附录一　南方常见栽培的校园种子植物名录

I. 裸子植物 Gymnosperm
  1. 苏铁科 Cycadaceae
    苏铁 *Cycas revoluta*
  2. 银杏科 Ginkgoaceae
    银杏 *Ginkgo biloba*
  3. 南洋杉科 Araucariaceae
    南洋杉 *Araucaria cunninghamii*
    异叶南洋杉 *Araucaria heterophylla*
    贝壳杉 *Agathis dammara*
    大叶南洋杉 *Araucaria bidwillii*
  4. 松科 Pinaceae
    黑松 *Pinus thunbergii*
    日本五针松 *Pinus parviflora*
    雪松 *Cedrus deodara*
  5. 杉科 Taxodiaceae
    落羽杉 *Taxodium distichum*
    池杉 *Taxodium distichum* var. *imbricatum*
    水杉 *Metasequoia glyptostroboides*
  6. 柏科 Cupressaceae
    柏木 *Cupressus funebris*
    圆柏 *Juniperus chinensis*
    侧柏 *Platycladus orientalis*
    龙柏 *Juniperus chinensis*
  7. 罗汉松科 Podocarpaceae
    竹柏 *Nageia nagi*
    短叶罗汉松 *Podocarpus macrophyllus* var. *maki*

II. 被子植物 Angiosperm
  1. 木麻黄科 Casuarinaceae
    木麻黄 *Casuarina equisetifolia*
  2. 胡桃科 Juglandaceae
    枫杨 *Pterocarya stenoptera*
  3. 杨柳科 Salicaceae
    垂柳 *Salix babylonica*
    长梗柳 *Salix dunnii*
  4. 壳斗科 Fagaceae
    苦槠 *Castanopsis sclerophylla*
    麻栎 *Quercus acutissima*
    板栗 *Castanea mollissima*
  5. 榆科 Ulmaceae
    朴树 *Celtis sinensis*
    山油麻 *Trema cannabina* var. *dielsiana*
    榔榆 *Ulmus parvifolia*
  6. 桑科 Moraceae
    构树 *Broussonetia papyrifera*
    榕树 *Ficus microcarpa*
    高山榕 *Ficus altissima*
    垂叶榕 *Ficus benjamina*

印度胶树 *Ficus elastica*
黄葛榕 *Ficus virens*
大琴榕 *Ficus lyrata*
无花果 *Ficus carica*
笔管榕 *Ficus subpisocarpa*
菩提树 *Ficus religiosa*
雅榕 *Ficus concinna*
桑 *Morus alba*

7. 山龙眼科 Proteaceae
银桦 *Grevillea robusta*

8. 紫茉莉科 Nyctaginaceae
光叶子花(三角梅) *Bougainvillea glabra*

9. 苋科 Amaranthaceae
青葙 *Celosia argentea* L.
红叶牛膝 *Achyranthes bidentata* f. *rubra*

10. 木兰科 Magnoliaceae
荷花玉兰 *Magnolia grandiflora*
紫玉兰 *Yulania liliiflora*
玉兰 *Yulania denudata*
白兰 *Michelia* × *alba*
黄兰 *Michelia champaca*
含笑 *Michelia figo*
深山含笑 *Michelia maudiae*
乐昌含笑 *Michelia chapensis*
乳源木莲 *Manglietia fordiana*

11. 蜡梅科 Calycanthaceae
蜡梅 *Chimonanthus praecox*

12. 樟科 Lauraceae
阴香 *Cinnamomum burmannii*
樟 *Cinnamomum camphora*
香叶树 *Lindera communis*

13. 小檗科 Berberidaceae
南天竹 *Nandina domestica*

十大功劳 *Mahonia fortunei*

14. 睡莲科 Nymphaeaceae
睡莲 *Nymphaea tetragona*
莲 *Nelumbo nucifera*

15. 胡椒科 Piperaceae
圆叶椒草 *Peperomia obtusifolia*

16. 芍药科 Paeoniaceae
牡丹 *Paeonia suffruticosa*

17. 山茶科 Theaceae
山茶 *Camellia japonica*
木荷 *Schima superba*

18. 藤黄科 Guttiferae
金丝梅 *Hypericum patulum*

19. 悬铃木科 Platanaceae
三球悬铃木(法国梧桐) *Platanus orientalis*

20. 金缕梅科 Hamamelidaceae
枫香树 *Liquidambar formosana*
红花檵木 *Loropetalum chinense* var. *rubrum*

21. 虎耳草科 Saxifragaceae
绣球(八仙花) *Hydrangea macrophylla*
虎耳草 *Saxifraga stolonifera*

22. 海桐花科 Pittosporaceae
光叶海桐 *Pittosporum glabratum*

23. 蔷薇科 Rosaceae
桃 *Amygdalus persica*
碧桃 *Amygdalus persica* f. *duplex*
枇杷 *Eriobotrya japonica*
棣棠花 *Kerria japonica*
红叶石楠 *Photinia* × *fraseri*
钟花樱桃(福建山樱花) *Cerasus campanulata*
单瓣李叶绣线菊 *Spiraea*

prunifolia var. simpliciflora
麻叶绣线菊 *Spiraea cantoniensis*
日本晚樱 *Cerasus serrulata* var. lannesiana
月季 *Rosa chinensis*
皱皮木瓜(贴梗海棠) *Chaenomeles speciosa*
垂丝海棠 *Malus halliana*
紫叶李 *Prunus cerasifera* f. atropurpurea

24. 豆科 Leguminosae
台湾相思 *Acacia confusa*
朱缨花 *Calliandra haematocephala*
银合欢 *Leucaena leucocephala*
红花羊蹄甲 *Bauhinia* × *blakeana*
羊蹄甲 *Bauhinia purpurea*
宫粉羊蹄甲 *Bauhinia variegata*
翅荚决明 *Cassia alata*
双荚槐 *Cassia bicapsularis*
腊肠树(波斯皂荚) *Cassia fistula*
黄槐决明 *Senna surattensis*
凤凰木 *Delonix regia*
南岭黄檀 *Dalbergia balansae*
鸡冠刺桐 *Erythrina crista-galli*
刺桐 *Erythrina variegata* var. orientalis
海南红豆 *Ormosia pinnata*
紫藤 *Wisteria sinensis*
紫荆 *Cercis chinensis*
龙爪槐 *Sophora japonica* f. pendula
洋金凤 *Caesalpinia pulcherrima*
南洋楹 *Falcataria moluccana*

25. 酢浆草科 Oxalidaceae
阳桃 *Averrhoa carambola*

26. 旱金莲科 Tropaeolaceae
旱金莲 *Tropaeolum majus*

27. 大戟科 Euphorbiaceae
石栗 *Aleurites moluccanus*
重阳木 *Bischofia polycarpa*
秋枫 *Bischofia javanica*
变叶木 *Codiaeum variegatum*
红背桂 *Excoecaria cochinchinensis*
琴叶珊瑚 *Jatropha integerrima*
铁海棠(虎刺梅) *Euphorbia milii*
一品红 *Euphorbia pulcherrima*
乌桕 *Sapium sebiferum*
木油树 *Vernicia montana*

28. 芸香科 Rutaceae
黄皮 *Clausena lansium*
九里香 *Murraya paniculata*
两面针 *Zanthoxylum nitidum*

29. 橄榄科 Burseraceae
橄榄 *Canarium album*

30. 楝科 Meliaceae
米仔兰 *Aglaia odorata*
麻楝 *Chukrasia tabularis*
苦楝 *Melia azedarach*
香椿 *Toona sinensis*

31. 漆树科 Anacardiaceae
杧果 *Mangifera indica*

32. 槭树科 Aceraceae
鸡爪槭 *Acer palmatum*
红槭(日本红枫) *Acer palmatum* f. atropurpureum

33. 无患子科 Sapindaceae
龙眼 *Dimocarpus longan*

复羽叶栾树 *Koelreuteria bipinnata*
荔枝 *Litchi chinensis*
无患子 *Sapindus saponaria*

34. 冬青科 Aquifoliaceae
    枸骨 *Ilex cornuta*
    无刺枸骨 *Ilex cornuta*
    龟甲冬青 *Ilex crenata* 'Convexa'

35. 卫矛科 Celastraceae
    冬青卫矛 *Euonymus japonicus*
    扶芳藤 *Euonymus fortunei*

36. 黄杨科 Buxaceae
    雀舌黄杨 *Buxus harlandii*

37. 鼠李科 Rhamnaceae
    枳椇 *Hovenia acerba*

38. 葡萄科 Vitaceae
    地锦(爬山虎) *Parthenocissus tricuspidata*
    葡萄 *Vitis vinifera*

39. 杜英科 Elaeocarpaceae
    秃瓣杜英 *Elaeocarpus glabripetalus*

40. 锦葵科 Malvaceae
    朱槿(扶桑) *Hibiscus rosa-sinensis*
    垂花悬铃花 *Malvaviscus penduliflorus*
    地桃花(肖梵天花) *Urena lobata*
    木芙蓉 *Hibiscus mutabilis*

41. 木棉科 Bombacaceae
    木棉 *Bombax ceiba*
    美丽异木棉 *Ceiba speciosa*

42. 梧桐科 Sterculiaceae
    苹婆 *Sterculia monosperma*

43. 红木科 Bixaceae
    红木 *Bixa orellana*

44. 千屈菜科 Lythraceae
    萼距花 *Cuphea hookeriana*
    紫薇 *Lagerstroemia indica*
    大花紫薇 *Lagerstroemia speciosa*

45. 桃金娘科 Myrtaceae
    柠檬桉 *Eucalyptus citriodora*
    窿缘桉 *Eucalyptus exserta*
    大叶桉 *Eucalyptus robusta*
    白千层 *Melaleuca leucadendron*
    红千层 *Callistemon rigidus*
    水翁蒲桃 *Syzygium nervosum*
    番石榴 *Psidium guajava*
    乌墨 *Syzygium cumini*
    蒲桃 *Syzygium jambos*

46. 石榴科 Punicaceae
    石榴 *Punica granatum*

47. 野牡丹科 Melastomataceae
    巴西野牡丹 *Tibouchina semidecandra*

48. 使君子科 Combretaceae
    使君子 *Quisqualis indica*
    小叶榄仁树 *Terminalia neotaliala*

49. 蓝果树科 Nyssaceae
    喜树 *Camptotheca acuminate*

50. 山茱萸科 Cornaceae
    洒金桃叶珊瑚 *Aucuba japonica* var. *variegata*
    香港四照花 *Cornus hongkongensis*

51. 五加科 Araliaceae
    幌伞枫 *Heteropanax fragrans*
    澳洲鸭脚木 *Schefflera actinophylla*
    鹅掌藤 *Schefflera arboricola*

八角金盘 *Fatsia japonica*

52. 杜鹃花科 Ericaceae

    锦绣杜鹃 *Rhododendron pulchrum*

53. 柿树科 Ebenaceae

    柿树 *Diospyros kaki*

54. 木犀科 Oleaceae

    卵叶小蜡 *Ligustrum sinense* var. *stauntonii*

    女贞 *Ligustrum lucidum*

    木犀(桂花) *Osmanthus fragrans*

    迎春花 *Jasminum nudiflorum*

    流苏树 *Chionanthus retusus*

55. 马钱科 Loganiaceae

    灰莉 *Fagraea ceilanica*

56. 夹竹桃科 Apocynaceae

    软枝黄蝉 *Allamanda cathartica*

    黄蝉 *Allamanda schottii*

    糖胶树 *Alstonia scholaris*

    海杧果 *Cerbera manghas*

    狗牙花 *Tabernaemontana divaricata*

    夹竹桃 *Nerium oleander*

    黄花夹竹桃 *Thevetia peruviana*

    鸡蛋花 *Plumeria rubra*

57. 萝藦科 Asclepiadaceae

    夜来香 *Telosma cordata*

58. 茜草科 Rubiaceae

    长隔木(希茉莉) *Hamelia patens*

    龙船花 *Ixora chinensis*

    五星花 *Pentas lanceolata*

    栀子 *Gardenia jasminoides*

    白蟾 *Gardenia jasminoides* var. *fortuniana*

    白马骨(六月雪) *Serissa serissoides*

59. 紫草科 Boraginaceae

    福建茶 *Carmona microphylla*

60. 马鞭草科 Verbenaceae

    假连翘 *Duranta erecta*

    马缨丹 *Lantana camara*

    臭牡丹 *Clerodendrum bungei*

    云南石梓 *Gmelina arborea*

61. 茄科 Solanaceae

    鸳鸯茉莉 *Brunfelsia brasiliensis*

    夜香树 *Cestrum nocturnum*

62. 玄参科 Scrophulariaceae

    台湾泡桐(华东泡桐) *Paulownia kawakamii*

    白花泡桐 *Paulownia fortunei*

63. 紫葳科 Bignoniaceae

    蓝花楹 *Jacaranda mimosifolia*

    炮仗花 *Pyrostegia venusta*

    火焰木 *Spathodea campanulata*

    黄花风铃木 *Tabebuia chrysantha*

64. 爵床科

    小驳骨草 *Justicia gendarussa*

    鸭嘴花 *Justicia adhatoda*

65. 忍冬科 Caprifoliaceae

    法国冬青(日本珊瑚树) *Viburnum odoratissimum*

    忍冬 *Lonicera japonica*

    蝴蝶戏珠花 *Viburnum plicatum* f. *tomentosum*

66. 百合科 Liliaceae

    萱草 *Hemerocallis fulva*

    沿阶草 *Ophiopogon bodinieri*

    凤尾丝兰 *Yucca gloriosa*

    朱蕉 *Cordyline fruticosa*

67. 龙舌兰科

银边龙舌兰 *Agave angustifolia*

68. 石蒜科 Amaryllidaceae

　　石蒜 *Lycoris radiata*

　　水鬼蕉 *Hymenocallis littoralis*

　　文殊兰 *Crinum asiaticum* var. *sinicum*

69. 鸢尾科 Iridaceae

　　射干 *Belamcanda chinensis*

　　巴西鸢尾 *Neomarica gracilis*

70. 鸭跖草科 Commelinaceae

　　鸭跖草 *Commelina communis*

　　吊竹梅 *Tradescantia zebrina*

　　紫竹梅 *Tradescantia pallida*

　　紫背万年青(蚌花) *Tradescantia spathacea*

71. 禾本科 Gramineae

　　绿竹 *Bambusa oldhamii*

　　麻竹 *Dendrocalamus latiflorus*

　　粉单竹 *Bambusa chungii*

　　黄金间碧竹 *Bambusa vulgaris*

　　大佛肚竹 *Bambusa vulgaris*

　　紫竹 *Phyllostachys nigra*

72. 棕榈科 Palmaceae

　　棕榈 *Trachycarpus fortunei*

　　假槟榔 *Archontophoenix alexandrae*

　　三药槟榔 *Areca triandra*

　　金山葵 *Syagrus romanzoffiana*

　　短穗鱼尾葵 *Caryota mitis*

　　鱼尾葵 *Caryota maxima*

　　董棕 *Caryota obtusa*

　　散尾葵 *Chrysalidocarpus lutescens*

　　三角椰子 *Dypsis decaryi*

　　蒲葵 *Livistona chinensis*

　　加拿利海枣 *Phoenix canariensis*

　　刺葵 *Phoenix hanceana*

　　江边针葵(美丽针葵) *Phoenix roebelenii*

　　棕竹 *Rhapis excelsa*

　　丝葵 *Washingtonia filifera*

　　狐尾棕 *Wodyetia bifurcata*

73. 天南星科 Araceae

　　龟背竹 *Monstera deliciosa*

　　羽裂蔓绿绒(春羽) *Philodendron selloum*

　　合果芋 *Syngonium podophyllum*

　　海芋 *Alocasia macrorrhiza*

74. 露兜树科 Pandanaceae

　　红刺露兜树 *Pandanus utilis*

75. 莎草科 Cyperaceae

　　风车草(旱伞草) *Cyperus alternifolius* subsp. *flabelliformis*

76. 芭蕉科 Musaceae

　　芭蕉 *Musa basjoo*

　　香蕉 *Musa acuminata*

　　鹤望兰 *Strelitzia reginae*

　　大鹤望兰(尼古拉鹤望兰) *Strelitzia nicolai*

77. 姜科 Zingiberaceae

　　花叶艳山姜 *Alpinia zerumbet*

78. 美人蕉科 Cannaceae

　　大花美人蕉 *Canna generalis*

附录二 校园及周边区域常见的鸟类名录

雉科 Phasianidae
  1. 灰胸竹鸡 *Bambusicola thoracicus*
  2. 雉鸡 *Phasianus colchicus*
啄木鸟科 Picidae
  3. 蚁䴕 *Jynx torquilla*
戴胜科 Upupidae
  4. 戴胜 *Upupa epops*
翠鸟科 Alcedinidae
  5. 普通翠鸟 *Alcedo atthis*
  6. 白胸翡翠 *Halcyon smyrnensis*
鱼狗科 Cerylidae
  7. 斑鱼狗 *Ceryle rudis*
鸦鹃科 Centropodidae
  8. 褐翅鸦鹃 *Centropus sinensis*
雨燕科 Apodidae
  9. 小白腰雨燕 *Apus affinis*
鸠鸽科 Columbidae
  10. 山斑鸠 *Streptopelia orientalis*
  11. 珠颈斑鸠 *Streptopelia chinensis*
  12. 火斑鸠 *Streptopelia tranquebarica*
秧鸡科 Rallidae
  13. 白胸苦恶鸟 *Amaurornis phoenicurus*
  14. 黑水鸡 *Gallinula chloropus*
丘鹬科 Scolopacidae
  15. 大沙锥 *Gallinago megala*
  16. 扇尾沙锥 *Gallinago gallinago*
  17. 小杓鹬 *Numenius minutus*
  18. 青脚鹬 *Tringa nebularia*
  19. 白腰草鹬 *Tringa ochropus*
  20. 矶鹬 *Actitis hypoleucos*
鸻科 Charadriidae
  21. 金眶鸻 *Charadrius dubius*
  22. 东方鸻 *Charadrius veredus*
  23. 灰头麦鸡 *Vanellus cinereus*
燕鸻科 Glareolidae
  24. 普通燕鸻 *Glareola maldivarum*
鹰科 Accipitridae
  25. 黑翅鸢 *Elanus caeruleus*
  26. 普通鵟 *Buteo buteo*
隼科 Falconidae
  27. 红隼 *Falco tinnunculus*
䴙䴘科 Podicipedidae
  28. 小䴙䴘 *Tachybaptus ruficollis*
鹭科 Ardeidae
  29. 小白鹭 *Egretta garzetta*
  30. 苍鹭 *Ardea cinerea*
  31. 大白鹭 *Casmerodius albus*
  32. 牛背鹭 *Bubulcus ibis*
  33. 池鹭 *Ardeola bacchus*
  34. 夜鹭 *Nycticorax nycticorax*
伯劳科 Laniidae
  35. 红尾伯劳 *Lanius cristatus*
  36. 棕背伯劳 *Lanius schach*
鸦科 Corvidae
  37. 红嘴蓝鹊 *Urocissa erythrorhyncha*
  38. 灰喜鹊 *Cyanopica cyanus*
  39. 喜鹊 *Pica pica*

40. 黑卷尾 *Dicrurus macrocercus*

鹟科 Muscicapidae

41. 灰背鸫 *Turdus hortulorum*

42. 乌鸫 *Turdus merula*

43. 白腹鸫 *Turdus pallidus*

44. 斑鸫 *Turdus eunomus*

45. 北灰鹟 *Muscicapa dauurica*

46. 白眉姬鹟 *Ficedula zanthopygia*

47. 黄眉姬鹟 *Ficedula narcissina*

48. 鸲姬鹟 *Ficedula mugimaki*

49. 红点颏（红喉歌鸲）*Luscinia calliope*

50. 蓝点颏（蓝喉歌鸲）*Luscinia svecica*

51. 红胁蓝尾鸲 *Tarsiger cyanurus*

52. 鹊鸲 *Copsychus saularis*

53. 北红尾鸲 *Phoenicurus auroreus*

54. 黑喉石䳭 *Saxicola torquatus*

55. 灰林䳭 *Saxicola ferreus*

椋鸟科 Sturnidae

56. 丝光椋鸟 *Sturnus sericeus*

57. 灰椋鸟 *Sturnus cineraceus*

58. 黑领椋鸟 *Sturnus nigricollis*

59. 八哥 *Acridotheres cristatellus*

山雀科 Paridae

60. 大山雀 *Parus major*

61. 红头长尾山雀 *Aegithalos concinnus*

燕科 Hirundinidae

62. 家燕 *Hirundo rustica*

63. 金腰燕 *Hirundo daurica*

鹎科 Pycnonotidae

64. 领雀嘴鹎 *Spizixos semitorques*

65. 白头鹎 *Pycnonotus sinensis*

68. 白喉红臀鹎 *Pycnonotus aurigaster*

扇尾莺科 Cisticolidae

67. 黄腹鹪莺 *Prinia flaviventris*

68. 褐头鹪莺 *Prinia inornata*

绣眼鸟科 Zosteropidae

69. 暗绿绣眼鸟 e *Zosterops japonicus*

莺科 Sylviidae

70. 长尾缝叶莺 *Orthotomus sutorius*

71. 褐柳莺 *Phylloscopus fuscatus*

72. 黄腰柳莺 *Phylloscopus proregulus*

73. 黄眉柳莺 *Phylloscopus inornatus*

74. 黑脸噪鹛 *Garrulax perspicillatus*

75. 黑领噪鹛 *Garrulax pectoralis*

76. 白颊噪鹛 *Garrulax sannio*

77. 红嘴相思鸟 *Leiothrix lutea*

78. 灰眶雀鹛 *Alcippe morrisonia*

百灵科 Alaudidae

79. 云雀 *Alauda arvensis*

80. 小云雀 *Alauda gulgula*

太阳鸟科 Nectariniidae

81. 叉尾太阳鸟 *Aethopyga christinae*

麻雀科 Passeridae

82. 麻雀 *Passer montanus*

83. 白鹡鸰 *Motacilla alba*

84. 黄鹡鸰 *Motacilla tschutschensis*

85. 灰鹡鸰 *Motacilla cinerea*

86. 理氏鹨 *Anthus richardi*

87. 树鹨 *Anthus hodgsoni*

88. 红喉鹨 *Anthus cervinus*

89. 黄腹鹨 *Anthus rubescens*

90. 白腰文鸟 *Lonchura striata*

91. 斑文鸟 *Lonchura punctulata*

燕雀科 Fringillidae

92. 金翅雀 *Carduelis sinica*

93. 黑尾蜡嘴雀 *Eophona migratoria*

94. 栗耳鹀 *Emberiza fucata*

95. 小鹀 *Emberiza pusilla*

96. 田鹀 *Emberiza rustica*

97. 黄喉鹀 *Emberiza elegans*

98. 栗鹀 *Emberiza rutila*

99. 灰头鹀 *Emberiza spodocephala*

附录三　生物绘图

生物绘图是形象描述生物外部形态和内部结构的一种重要的科学记录方法。通过绘图，正确记载显微镜下观察到的实况等，可帮助我们学习和记忆，有助于对生物结构及其特征的认识和理解，是学习普通生物学必须掌握的一种技能。

一、生物绘图的基本要求

绘图要求准确，画出本质的、典型的和正常的结构。因此绘图必须把实验材料观察清楚，取出典型部位后再画。绘图时应注意以下几点：

1. 具有科学性和准确性

生物绘图不同于一般的美术创作，它必须具有科学性和准确性。这就要求我们必须认真观察要画的对象(如切片、标本等)，学习与之有关的文字记载和描述，正确理解其特征，选出正常的典型材料进行绘图。

2. 点、线清晰流畅

线条要一笔画出，粗细均匀，光滑清晰，接头处无分叉和重线条痕迹，切忌重复描绘。绘图一般用圆点衬阴，表示明暗和颜色的深浅，给人以立体感。点要圆而整齐，大小均匀，根据需要灵活掌握疏密变化，千万不能用涂抹阴影的方法代替圆点。

3. 比例正确

绘图要按生物各器官、组织细胞等各部分结构原有比例绘出，绘放大的形态图和解剖图时，最好注明放大倍数。

4. 突出主要特征

绘图中允许重点描绘主要特征，而其他部分可仅绘轮廓，以表示其完整性。

5. 图纸及版面整洁

绘图完成后，图纸及版面要整洁清晰。

6. 准确标注

图注一律用正楷书写，应尽量详细，并要求用水平的直线引出，最好在图的右侧，必须整齐一致。作为实验报告，图及图注一律要求用铅笔(通常用 2H 或 3H 铅笔)，不要用钢笔、有色笔或圆珠笔。图题和所用实验材料的名称和部位写在图的下方。

二、生物绘图的主要技法

1. 长线的画法

绘图时要纸面平整,线条均匀,不可时粗时细;线条边缘圆润而光滑,行笔要流畅,不能中间顿促凝滞。如果是多段线条连接完成的长线条,需防止衔接处错位或首尾衔接粗细不匀。

2. 短线的画法

主要用于表现细部特征,如网状的脉纹、鳞片、细胞壁、纤毛等。

3. 曲线的画法

它可以根据各种对象的不同形态作相应的变换,用于勾画物体的形态轮廓、内部构造、区分各部分的界限,以及表现毛发、脉纹、鳞甲。应注意线道数要适宜,不可信手勾画,防止画面形象失真,造成画面凌乱不堪的结果。例如,表现毛发、皱纹等就需根据自然形态,自基部向尖端逐渐细小,这样就可避免用线生硬呆板,使物体描绘更加逼真。

4. 点的画法

要求使用铅笔芯尖圆润,画面排列匀称协调,大小疏密适宜。常用有粗密点、细疏点、连续点、自由点等方法。

三、生物绘图的一般程序

1. 观察

绘图前,需对被画的对象(如动、植物的各个组织、器官以及外形等)做细心观察,对其外部形态、内部构造和其各部分的位置关系、比例、附属物等特征有完整的感性认识,将正常的结构与偶然的、人为的假象区分开,选择有代表性的、典型的部位起稿。

2. 起稿

起稿是勾画轮廓的过程。一般用软铅笔(HB)将所观察的对象的整体及主要部分轻轻描绘在绘图纸上。此时要注意图形的放大倍数和在纸上的布局要合理,留出名称、图注等位置。起稿时落笔要轻,线条要简洁,尽可能少改不擦。画好后,要再与所观察的实物对照,检查是否有遗漏或错误。

3. 定稿

对照所观察的实物,全面检查起稿的草图,进行修正和补充,再用硬铅笔(2H或3H)以清晰的笔画将草图描画出来。定稿后可用橡皮将草图轻轻擦去。

4. 文字说明

图画好后要对图的各个结构部位作简明图注。图注一般在图的右侧,注字应用楷书横写,所有引线右端要在同一垂直线上。每一幅图要有一个图题,说明所绘图的植物(动物)、器官、组织的某个部位或切面。图题一般写在图的下方中央,注字和引线都要用铅笔,见附图1。

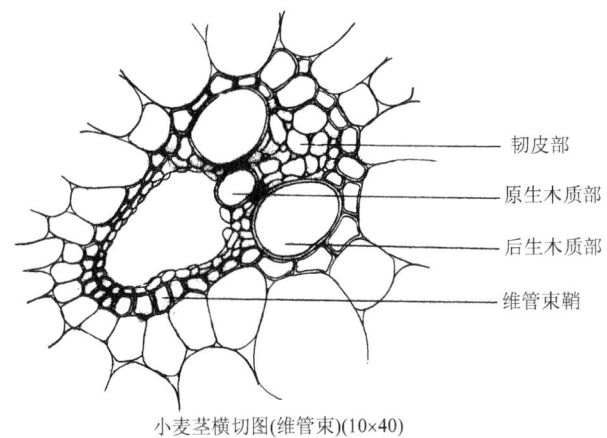

小麦茎横切图(维管束)(10×40)

附图1 生物绘图范例

附录四　生物实验材料的采集、培养和保存方法

一、生物学实验材料的采集与培养

1. 植物的采集

(1) 藻类植物的采集

藻类植物一般分为淡水藻类和海产藻类。由于它们生活环境不同，采集方法也不相同。

1) 淡水藻类的采集

淡水藻类分布很广，多数生活在各种水体中，有些则生活在土壤表面、树皮、墙壁、花盆壁上，极少生活在高山积雪上，少数与其他植物共生或寄生。这些藻类植物主要分为浮游藻类、固着藻类及漂浮藻类三类。

浮游藻类的采集：此类藻体微小，单细胞或群体，漂浮在水中，如蓝藻、绿藻、硅藻、甲藻、黄藻等。怎样采集此类标本，应视具体情况而定。

对水面较大、较深的水体，用 25 号生物网采集。采集时，应把网沉入水中以倒"8"字形来回缓缓捞取，最后将网垂直提出，打开网底的阀门将标本注入标本瓶中，做好记录、编号，并在瓶上贴好标签。

在浅水池塘或沟渠中不可用生物网，否则搅动泥底无法采集。可用小桶或杯子将水倒入网中，注意倒时应缓慢，以防小型藻类从网中漏出。

对很浅的临时积水，可直接用适宜的标本瓶灌入或用吸管吸取。特别是水底面上呈黄褐色的硅藻，更应仔细吸取尽量少带泥沙，以免影响观察。

采集的标本液以不超过瓶子容积为宜。若需观察有鞭毛的藻类植物的运动，可不加固定液，但时间不宜过长，一般不超过数小时至 1 d，标本带回实验室即将瓶盖打开。若要保存标本，应随采随固定。

固着藻类的采集：这类藻体有固着器或假根，生活在石头、水生植物、泥底或其他物体上，如轮藻、刚毛藻、丝藻等。它们的藻体较大，可用镊子直接夹取，但为了保存标本的完整，也可用刀将其刮下，或将着生的小石块或其他物体一并采集。生活于泥底的藻类，如轮藻，可将其从泥中挖出，洗净污泥，装入瓶中。

漂浮藻类的采集：这类藻体如水绵、颤藻等，常漂浮在水面，可用镊子或小网捞取。

2) 海产藻类的采集

海藻的采集需注意潮汐的时间。海水每天上潮两次，白天上潮称为潮，晚上上潮称为汐。海崖受潮汐影响的地带，称为潮间带。潮间带可分为潮上带、高潮

带、中潮带、低潮带及潮下带。潮间带的宽窄，取决于海滨的地形和倾斜度，倾斜度越小，潮间带越宽，反之则越窄。

潮上带是最高潮水线以上，海水淹不到但浪花可及的地带；高潮带是小潮的高潮线与大潮高潮线之间的区域；中潮带是小潮的高潮线与大潮低潮线之间的区域；低潮带是小潮的低潮线与大潮的低潮线之间的区域；潮下带是大潮的最低线以下的区域，即大潮落后仍留在水中的地带。

在海藻生长的旺季，当大潮落后，可看到在潮间带区域自然形成的海藻垂直分布，其特点是：潮上带只生长少量蓝藻和溪菜等；高潮带一般为石莼、浒苔、礁膜等绿藻，也有紫菜和海萝等；中潮带一般为绿藻的石莼、浒苔、羽藻；红藻中的海索面、江蓠、蜈蚣藻；叉枝藻中的萱藻、马尾藻、囊藻等；低潮带多生长马毛藻、绳藻、网地藻等，也有刺松藻、石花菜等；潮下带多为海带、裙带菜、海头红、石花菜等。

海藻的这种垂直分布是由于光、水深、营养盐、透明度等各种因素影响产生的，其中光线影响最大。

海藻全年可采，但4~5月是海藻生长旺季，此时采集种类多、数量大。因潮汐的关系，每月只有两次采集时期，即农历初一至初三和十五至十八。采时，可从退潮开始，随潮水退落，逐渐向下采集。这样可延长采集时间，若等退完后再采，时间就不充足。

采集时，要注意观察海藻的生活习性和环境，采集的标本要完整，颜色好，生长正常，且带有生殖器官，对固着在岩石上的要用锤和凿取下固着器，尽量保持完整。对于易腐烂的海藻，如绒线藻、细小的水云，及死后放出硫化物的酸藻，应单独存放在塑料袋或瓶中。采集时要做详细记录，包括时间、地点、环境、生长状态、气候、颜色、质地、中文名、学名等。

(2) 真菌的采集

水霉属真菌一般生于淡水中的动植物体或它们的尸体上，采集时可一并采集。

对于一些大型的真菌像马勃、蘑菇、木耳、银耳等，在多雨的7月、8月最多。采集时，应选择不同的生态类型，如各类森林、草地、粪堆、树干、枯木等。采集方法应视菌类的质地和生长基质的不同而有所差异。一般来说，地上生的伞菌类、盘菌类可用掘根器挖出。对于树干或枯木上的菌类，可用刀连一部分树皮剥下，或截一段树干。

采集到的标本，要按照标本的不同质地，分别包装，以免损坏。对于肉质、胶质、蜡质、软骨质的标本，由于易碎、易腐，要特别注意保护，最好用卷成漏斗状的白纸包好并编上号再放入桶内或盒内(不可放得过多，以防压坏)；而对于木质、木栓、革质类等标本，只要用旧报纸包好编上号即可。

(3) 地衣的采集

采集地衣不受季节的限制，一年四季均可。壳状地衣往往与基质紧密相贴，难以剥离，因而，采集时需连同基质一同采下。土生地衣可连土铲起。树生的可用刀剥下树皮或剪下树枝。石生的则须用凿子敲下石块，并尽量保持其完整。枝状地衣以假根或脐固着在基质上，可用刀轻轻从基质上剥下。

采集的地衣应根据质地、大小分别包装。同时注意编号，注明标本大小、颜色、生活环境、基质、海拔等。

(4) 苔藓植物的采集

采集苔藓植物时，既要注意其生活环境，又尽量采集具有孢子体特别是具有成熟孢蒴的植株。

水生苔藓如水藓、泥炭藓等可直接采集，漂浮的种类也可用网捞取。

土生苔藓种类最多，如角苔科、地钱科、葫芦科，采集时可用刀连土一起铲起，去泥土，而后放入袋中。

石生苔藓如泽藓、黑藓等，可用刀刮取。

树生种类可连树皮或枝干一起取之。

(5) 蕨类植物的采集

蕨类植物多生活在山沟、溪边的阴湿处，特别是岩下石缝。但也有旱生种类如卷柏等。

采集时要首先观察和记录其生活环境，要特别注意采挖其根状茎，它是分类鉴定的重要依据。二型叶的类型要注意采全孢子叶和营养叶，尽量采集具孢子囊的标本。还应注意阴湿环境中的原叶体，采后应单独存放，并立即挂上号牌。

(6) 种子植物的采集

种子植物的采集要特别注意其标本的典型性和完整性。所谓典型性是指所采标本要具有明显的分类特征，在同种植物中有较强的代表性。所谓完整性，是指整株标本的根、茎、叶、花、果俱全。特别是花、果是鉴定种类的主要依据，遇到尚未开花结果的植株，应先采下植株，留下标记，记下采集地点，待有花、果时再补齐。

对于地下部分有突出特征的植物，如百合科、石蒜科、天南星科、旋花科等，应注意采集这些植物的鳞茎、块茎、根茎、球茎、块根、圆锥根等，它们是鉴定物种的重要依据。

遇到雌雄异株的植物，应分别采集雌雄株。

草本植物的茎生叶和基生叶不同时要注意采集基生叶，如茵陈。

有些植物老枝和新枝的颜色和叶形不同，或新生叶与老叶不同。先叶开花的植物，先采花枝，待长叶结果时再采带叶枝，如杏、桃等。

水生柔弱的植物，采后可参照海藻处理。

寄生植物如南方菟丝子等采集时要把寄主一并采下，并注明关系。

关于植物的产地、生活环境、性状、花的颜色、采集日期等都要做详细记录，这对标本的鉴定和研究有很大帮助，一份没有记录的标本是没有科学价值的。

2. 动物的采集与培养

(1) 变形虫的采集与培养

变形虫多生活在较为清晰的水质中，附着于泥底和腐烂的荷叶、树枝、水草或浮在水面的泡沫上。其生活的最适温度为 18~22℃。采集时，用吸管吸入烧瓶内，或连附着物一并采集。

变形虫种类繁多，如辐射变形虫、蛞蝓变形虫，这两种变形虫个体较小，仅 20~50 μm，前者伪足细长，末端尖削，并从身体四周放射出来，后者整个身体纵长，伪足仅 1 或 2 个。作为实验材料，这两种并不理想，最好选择大变形虫，其体直径 200~600 μm，伪足较多，便于观察。

1) 麦粒培养法：取小麦数十粒，置于烧杯内，加少量水煮沸 5~15 min，煮后要求麦粒胀而不破，然后再加蒸馏水 1000 mL，分别倒入数个洁净的培养皿中，每个培养皿内放麦粒 3~5 粒，放置数天，然后将分离的变形虫接种至此培养液中进行培养，一般 7 d 后即可长出很多变形虫。假如要连续进行培养，必须定期添加培养液，更换麦粒。

2) 稻草培养法：取稻草 8~10 g，剪成 2 cm 长的小段，水 1000 mL，煮沸 10~15 min，冷却后，置于培养皿中，隔数日再接种培养。

(2) 草履虫的采集与培养

草履虫生活于含有大量腐殖质的水沟或水池里，以细菌等小生物为食。与食堂相通的污水沟常常具有大量黑色的腐殖质，略有臭气，由于草履虫大量地聚集，使黑色腐殖质上形成了一层白色膜状覆盖物，以吸管吸入烧瓶内，带回实验室，即可进行室内培养。

1) 稻草培养法：选取洁净的稻草，剪成 2 cm 长的小段，取 10 g 左右置于 1000 mL 水中(最好是自然水)，煮沸后再继续烧煮 10~15 min(在煮沸过程中，由于部分水会蒸发，要及时补充到原水量)，使稻草液呈黄褐色茶水状，自然冷却，静置 1 d(使培养液中细菌自然繁殖)，即可进行接种培养。

2) 荷叶培养法：1000 mL 水加 50 g 干荷叶，煮沸 15~20 min，冷却后，置于洁净的培养缸中，放置 1 d，再进行培养。

两种培养液是利用其能滋生细菌，以细菌作为草履虫的饵料，而达到大量繁殖草履虫的目的，因此培养的材料也可以选取小麦、肥土等。培养草履虫还应注意以下问题。

其一，草履虫在自然环境下常栖息在接近中性(pH 6.5~7.5)的水域环境中，其最适温度为 24~27℃，因此培养时应予以注意。

其二，草履虫种类颇多，常见的有双核草履虫、大草履虫、多核草履虫及绿草履虫。作为实验材料最典型的是大草履虫(又称为尾草履虫)，它区别于其他草履虫的最主要特点是体长 180~300 μm，小核只有一个。用它作为虫种培养，供做实验，可以达到较好的效果。

3) 草履虫以横裂方式进行无性生殖。在 24~27℃的稻草培养液中培养时，一般每天分裂一次，自开始培养到 2 周左右，能达到对数生长状态，之后，如不继续更新培养液，其种群数量会逐渐下降，一直下去，就会趋于死亡。因此，培养过程中应定期添加新鲜稻草液，使培养液不断得到部分更新，以保持相对恒定的 pH 和营养状况。若在显微镜下发现虫体瘦小，活动迟钝或异常，就要考虑更换培养液，改变培养条件。

4) 实验课常需观察草履虫的分裂生殖和接合生殖，这时可做作如下处理：欲获得分裂个体，可将培养原液放在培养皿中，加一小块腐败的面包或馒头，培养约 10 h，即可在显微镜下看到较多的新生个体；若把培养原液经离心沉淀集中，用吸管吸出，加 10 倍水进行培养，1 d 后检查，就能发现较多的草履虫接合体。

(3) 水螅的采集与培养

水螅滋生在水流缓慢、洁净而富有水草的溪流及池沼中，以其基盘附着在水草、石块或水中的其他物体上。采集时要连同附着物一并采之。采集季节以春末秋初为宜。

1) 培养水：水源最好是清洁的自然水，如自然水源有困难，非用自来水不可的，则应先将其净化处理：将自来水置于培养缸中，里面放些水草，一周后即可使用。若经过上述处理后仍出现水螅死亡时，应考虑调换水源。

2) 饵料：喂饲水螅的饵料，以水蚤和剑水蚤为最佳，这些饵料常可在池塘和溪流中用纱布网捞取，喂饲前必须冲洗干净或先养在培养缸中，再用吸管吸取活体，投入水螅的培养缸中，喂饲后次日应将死虫用吸管吸出，以免污染水质。一般每周喂饲 2 或 3 次即可，每次喂量也不宜太多。冬季饵料来源困难，秋天就应在室内用培养缸养殖水蚤，以保证饵料来源。

3) 管理：水螅喜欢清洁、含氧量高的水，如发现很多水螅漂浮于水面，或缸壁附有许多绿藻时，则应换缸饲养。换时可将附有水螅的水草移入新缸中，附着在缸壁中的水螅可用吸管轻轻推动基盘，使其离开后再用吸管吸出。在正常情况下，培养缸中的水因蒸发而自然减少，因此，每周最好添加一定量的新水。

水螅既需要阳光，又不能直射，因此在实验室中培养时，应将培养缸置于光线适中的地方。

水螅最适宜的生长水温为 14~20℃，有人观察当超过 28℃时，水螅就会死亡。所以夏季高温季节是培养水螅的难关，这时除了要将水螅缸移到阴凉处，并保持水质清洁外，还应勤喂饵料，因为此时水螅新陈代谢旺盛。

4) 生殖：据实验，将水温控制在 15~22℃，水质清洁，氧气充分，让水螅吃饱,并有适当的阳光,1~2 d 就可长出芽体。

在实验室人工条件下,可将水温从 22℃突然降到 8~10℃,并让其饥饿不见阳光,即可在短期内使其出现精巢和卵巢。

(4) 蚯蚓的采集与培养

蚯蚓有陆生与水生两大类型,分布于全世界。其中大部分为陆生种类,一生生活在湿润或接近湿润的土壤环境中。需要时,掘地采之,很容易得到。养殖蚯蚓的方法很多,从土法养殖到工厂化养殖,形式不一。从学校条件看,可采取最简易的方法,即选择适当的地段,挖一条深约 65 cm 的地槽,用一层鸟粪铺底,上加黑土及腐草烂叶,也放一些鱼肠,使食物充足,营养丰富,然后将成熟蚯蚓放养在内,过一段时间后就可挖掘,取大留小。蚯蚓有母子两代不愿同居的习性,小的繁殖多了,老的要跑掉。大型的土法养殖是在地下建造养殖池,把造纸工业、食品工业排出的有机废物,混入适量酵母发酵液后送进养殖池。池底设有集液槽,收集渗出的废液,将废液喷洒于养殖池表层,使之保持湿润。池内温度控制在 15~30℃。平均 3.3 m^2 的池面,可养 10 万条蚯蚓。

(5) 蟾蜍和青蛙的培养

蟾蜍和青蛙在教学、科研上都有重要意义。蟾蜍还有重要的药用价值。其培养不受地方限制,缸、盆、砖池、池塘等凡有水域的环境均可。以池塘为好,有利于昆虫孳生,天然饲料来源容易,管理也方便。池塘水深 60~80 cm 为宜,其周围应留有供蟾蜍、青蛙活动的陆地。水域面积与陆地面积各占 1/2,水域面积也可小一些。水面到陆地应有缓坡,陆地种植草树。为防其外逃和敌害入侵,陆地周围应筑 40~60 cm 的围墙。

卵与蝌蚪的培养最好用洁净的自来水,并加上稀释 5~6 倍的何尔夫列他氏液。其配方是:氧化钠 0.35 g,氯化钾 0.005 g,二氯化钙 0.01 g,碳酸氢钠 0.02 g,蒸馏水 100 mL。培养水中添加何尔夫列他氏液,目的为增加胚胎和蝌蚪发育所必需的钠离子、钙离子、钾离子。培养水要多而清洁,否则会因缺氧而致其死亡。

蝌蚪主要吃植物性饲料,如水藻等。煮过的菠菜和莴苣是最适宜的食物,但投喂时不宜煮得太熟,并注意除去纤维。初次投食量要小,以后可不断增加。每天定时定量投喂,不宜过多,以防残渣腐败,造成水体污染。若用缸、盆培养,或水体较小,宜经常换水,一般 3~5 d 较好。当蝌蚪发育成带有短尾的幼体开始用肺呼吸时,若用池塘培养,水中必须放些水草,或小木条,以供其登陆用。若为缸、盆培养,水里可放一些泡沫塑料,以供其攀登而停息。

成体主要吃昆虫之类的动物性食物,以直翅目、鞘翅目、膜翅目、蜻蜓目为最多,其次为双翅目、脉翅目、半翅目等昆虫。有时也食蛛形动物、蚯蚓,甚至也以谷粒、鱼苗或蝌蚪及小蛙为食。

二、生物学实验常用培养基的配制

1. 酵母菌豆芽琼脂培养基

取 10 g 黄豆芽于烧杯中，加水 100 mL，加热煮沸 30 min 后，用纱布过滤，向滤液里加入葡萄糖 5 g、琼脂 1.5 g，补水至 100 mL，继续加热使琼脂溶化，冷却后接入酵母菌，置于温暖地方 1~2 d，就能培养出大量酵母菌。

2. 衣藻白菜琼脂培养基

取白菜细切，榨取汁液，加 10 倍水稀释，然后加入 2%左右的琼脂或 10%左右的洁净动物胶(白明胶)加热溶化，冷却后即可接入衣藻或其他小型藻类。若在培养基中再加入 1%~2%的葡萄糖，培养效果更好。

3. 葫芦藓培养基

琼脂 20g，硫酸钙 1g，硫酸镁 0.25g，氯化钾 0.25g，磷酸二氢钾 0.25g，硫酸铁 0.01g，蒸馏水 1L。混合后灭菌，撒入经次氯化钙饱含水溶液消毒的葫芦藓孢子，置弱光下室温 25℃左右培养。

4. 蕨类培养基

硫酸钙 0.25g，磷酸钙 0.25g，硫酸镁 0.25g，氯化钾 0.08g，硝酸钾 0.07g，氯化铁 0.005g，琼脂 8g，水 1L。混合加热至溶化，分装于直径 7~9cm 的培养皿中，使培养基厚 1~1.5cm，冷却后散入蕨类孢子，盖上盖，置于散射光下 25℃左右室温培养。

生物具有多样性，相应的生物培养基种类也很多，尤其是微生物与动、植物组织培养基内容最为丰富，这里只能就其与教学有关的作一简单介绍，如果需要做更深层的工作，还需参阅有关的专著或资料。

附录五 生物标本的制作

将动物或植物的整体或局部整理后,经过加工,保持其原有的形态特征,并保存在自然博物馆、生物学研究机构、学会或学校,供教学、科研或陈列观摩用的实物,称为生物标本。生物标本制作始于英国,有300余年历史。近代中国的生物标本制作技术分别从欧洲和日本传入,都属于传统标本制作范畴。

一、植物标本的制作

植物标本因保存方式的不同可分成许多种,有腊叶标本、浸渍标本、浇制标本、玻片标本、果实和种子标本等。这里介绍最常用的腊叶标本和浸渍标本的制作方法。

(一) 腊叶标本的制作方法

腊叶标本又称为压制标本,就是将新鲜的植物材料(通常带有花或果等繁殖器官)用吸水纸压制使之干燥后装订在台纸上予以永久保存的标本。腊叶标本制作简单,容易保存,是植物分类工作者常用的标本,也是最容易制作的一种标本。这种标本制作方法最早于16世纪初由意大利人卢卡·吉尼发明的,世界上第一个植物标本室建于1545年的意大利帕多瓦大学。

1. 标本的采集

应选择最具有代表性特征的植物体各部分器官,一般除采枝叶外,最好采带花或果。如果有用部分是根和地下茎或树皮,也必须同时选取少许压制。同种植物最好有复份标本。必须用枝剪采标本,不能用手折。不同的植物标本应用不同的采集方法。

1) 木本植物。应采典型、有代表性特征、带花或果的枝条。对先花后叶的植物,应先采花,后采枝叶,应在同一植株上。雌雄异株或同株的,雌雄花应分别采集。一般应有二年生的枝条,因为二年生的枝条较一年生的枝条常常有许多不同的特征,同时还可见该树种的芽鳞有无和多少,如果是乔木或灌木,标本的先端不能剪去,以便区别于藤本类。

2) 草本及矮小灌木。要采集地下部分如根茎、匍匐枝、块茎、块根或根系等,以及开花或结果的全株。

3) 藤本植物。剪取中间一段,在剪取时应注意表示它的藤本性状。

4) 寄生植物。须连同寄主一起采。并且寄主的种类、形态同被采的寄生植物的关系等必须记录在采集记录上。

5) 水生植物。最好整株捞取，然后用塑料袋包好，放在采集箱里，带回室内立即将其放在水盆中，等到植物的枝叶恢复到原来形态时，用旧报纸一张，放在浮水的标本下轻轻将标本提出水面后，立即放在干燥的草纸里好好压制。

6) 蕨类植物。采具有孢子囊群的植株，连同根状茎一起采集。

2. 野外记录

野外记录一般应掌握的两条基本原则是：

1) 在野外能看得见，而在制成标本后无法展现出来的内容。

2) 标本压干后会消失或改变的特征。例如，有关植物的产地，生长环境，习性，叶、花、果的颜色，有无香气和乳汁，采集日期以及采集人和采集号等必须记录。记录时应该注意观察，在同一株植物上往往有两种叶形，如果采集时只能采到一种叶形的话，那么就要靠记录工作来帮助了。此外，如禾本科植物像芦苇等高大的多年生草本植物，我们采集时只能采到其中的一部分。因此，我们必须将它们的高度、地上及地下茎的节的数目、颜色记录下来。这样采回来的标本对植物分类工作者才有价值。

常用的野外采集记录表见附表1。

附表1 植物标本采集记录

采集日期：				
产地：	省	县(市)		
生境：	海拔： m		经度：	
			纬度：	
习性：				
体高： m		胸径： cm		
叶：		树皮：		
花：				
果实：				
附记：				
科名：		种名(中文名)：		
种学名(拉丁名)：				
采集者：		采集号：		

采集标本时参考以上采集记录的格式逐项填好后，必须立即用带有采集号的小标签挂在植物标本上，同时要将采集记录上的采集号数与小标签上的号数相对

应。同一采集人采集号要连续不重复，同种植物的复份标本要编同一号。

3. 标本的压制

1) 整形：对采到的标本根据有代表性、面积要小的原则做适当的修理和整枝，剪去多余密叠的枝叶。如果叶片太大不能在夹板上压制，可沿着中脉的一侧剪去全叶的40%。保留叶尖，若是羽状复叶，可以将叶轴一侧的小叶剪短，保留小叶的基部以及小叶片的着生部位，保留羽状复叶的顶端小叶。对肉质植物如景天科、天南星科、仙人掌科等先用开水杀死。对球茎、块茎、鳞茎等除用开水杀死外，还要切除一半，再压制，以便促使干燥。

2) 压制：整形、修饰过的标本及时挂上小标签，将有绳子的一块木质标本夹板做底板，上置吸湿草纸4或5张。然后将标本逐个与吸湿纸相互间隔，平铺在平板上，铺时须将标本的首尾不时调换位置，在一张吸湿纸上放一种或同一种植物，若枝叶拥挤、卷曲时要拉开伸展，叶要正反面都有，过长的草本或藤本植物可作"N"、"V"、"W"形的弯折，最后将另一块木质标本夹板盖上，用绳子勒紧。

3) 换纸干燥：标本压制后头2 d要勤换吸湿草纸。每天早晚两次换出的湿纸应晒干或烘干，换纸是否勤和干燥，对压制标本的质量关系很大。要特别注意，如果2 d内不换干纸，标本颜色转暗，花、果及叶脱落，甚至发霉腐烂。标本在第二、第三次换纸时，对标本要注意整形，枝叶展开，不使折皱。易脱落的果实、种子和花，要用小纸袋装好，放在标本旁边，以免翻压时丢失。

4) 干燥器干燥：标本也可用便携式植物标本干燥器烘干。标本压制方法与上述一样，不同的是在每份或每两份标本之间插入1张瓦楞纸，以利水汽散发。利用干燥器压制标本，不需要人工频繁地更换和晾晒吸水纸，提高干燥速度，降低工作量，标本不因频繁换纸而损失，也不受气候影响，且能较好地保持标本的色泽。同时干燥器所用的红外辐射有杀虫、灭菌作用，有利于植物标本的长期保存。

5) 标本临时保存：标本干后，若不马上上台纸，可留在吸水纸可保存较长时间。若吸水纸不够用，也可从吸水纸中取出，夹在旧报纸内暂时保存。

6) 标本的杀虫与灭菌：为防止害虫蛀食标本，必须进行消毒，通常用升汞(氯化汞，有剧毒，操作时需特别小心)配制体积分数 0.5%的乙醇溶液，倾入平底盆内，将标本浸入溶液处理 1~2 min，再拿出夹入吸湿草纸内干燥。此外，也可用敌敌畏、二硫化碳或其他药剂定期熏蒸消毒杀虫。每隔2~3 年或在发现虫害时，采用药物熏蒸馆藏标本。目前，标本的消毒，有条件的可以采用超低温除虫害法，即将标本用塑料膜包装密封后，在超低温冰箱内(-78℃)条件下处理 24~26 h，取出后室温条件下放置1~2 d后即可入库储藏。此法，安全、环保、效果好，只是设备较贵。

7) 标本的装订：把干燥的标本放在台纸上(一般用 250 g 或 350 g 白板纸)，台纸大小通常为 42 cm×29 cm。一张台纸上只能订一种植物标本，标本的大小、形状、位置要适当地修剪和安排，然后用棉线或纸条订好，也可用白乳胶粘贴。台纸的右下角和右上角要留出，以分别贴上签野外采集记录(附表 1)和定名签(附表 2)。脱落的花、果、叶等，装入小纸袋，粘贴于台纸上。

附表 2 腊叶标本定名签格式

XXXXXX 植物标本室 Herbarium of XXXXXX			
拉丁学名(中文名)			
产地 Loc.		采集号 No.	
		采集时间 Date	
采集人 Coll.		定名人 Det.	
		定名时间 Date	

8) 标本的保存：装订好的标本，经定名后，都应放入标本密集柜中保存，标本柜应有专门的标本室放置，注意干燥、防蛀(放入樟脑丸等除虫剂)。标本室中的标本应按一定的顺序排列，科通常按分类系统排列，属、种一般按学名的拉丁字母顺序排列。

（二） 浸渍标本的采集和制作

用化学药剂制成的保存液将新鲜的植物材料浸泡起来制成的标本称为植物的浸渍标本。植物整体和根、茎、叶、花、果实各部分器官均可以制成浸渍标本。尤其是植物的花、果实和幼嫩、微小、多肉的植物，经压干后，容易变色、变形，不易观察。制成浸渍标本后，可保持原有的形态，这对于在教学和科研工作具有重要的意义。

植物的浸渍标本分为防腐性浸渍标本及原色浸渍标本两种：

1. 防腐性浸渍标本的制作方法

在制作植物的浸渍标本时，要选择发育正常，具有代表性的新鲜标本，采集后，先在清水中除去污泥，经过整形，放入保存液中，若标本浮在液面，可用玻璃棒暂时固定，使其下沉，待细胞吸水后，即自然下沉。

防腐性浸渍标本的保存液的配方有以下三种。

1) 甲醛液
  甲醛(市售者含量为 40%)   5~10 mL
  蒸馏水   100 mL
2) 乙醇液(所浸制的标本较甲醛液软一些)
  95%乙醇   100 mL
  蒸馏水   195 mL

甘油　　　　　　　　　　　　　　　　　　　5~10 mL
3) 甲醛、冰醋酸、乙醇混合液(简称 FAA，浸制效果较前 2 种好)
　　　70%乙醇　　　　　　　　　　　　　　　　　90 mL
　　　甲醛　　　　　　　　　　　　　　　　　　　5 mL
　　　冰醋酸　　　　　　　　　　　　　　　　　　5 mL

2. 原色浸渍标本制作方法

1) 红色果实标本的制作。把成熟的红色果实洗净后放入盛有甲醛-硼酸溶液(1g 硼酸于 100 mL 水中，再加 1%甲醛 100 mL，静置后取上清液)的烧杯内，当标本由红转为深褐色时取出。然后移到盛有亚硫酸-硼酸溶液(1 份 1%亚硫酸和 1 份 0.2%硼酸配成)的标本瓶内保存。

2) 黄色标本的制作。植物的黄色或黄绿色部分，可浸泡在 5%硫酸铜溶液中 1~5 d，漂洗后放入盛有 2%亚硫酸溶液的标本瓶里保存。

3) 绿色标本的制作。将标本放入硫酸铜-甲醛溶液(硫酸铜饱和水溶液 75 mL，甲醛 50 mL，水 250 mL)中浸泡 10~20 d，取出洗净后，浸入 4%甲醛中长期保存。

4) 紫色果实标本的制作。把七、八成熟的紫色果实洗净，浸泡在甲醛-饱和氯化钠溶液 (取 16 g 氯化钠溶于 100 mL 水中，取上清液 15 mL，加 40%甲醛 10 mL，再加水定容到 100 mL)中 60~90 d。然后保存在盛有 1%~2%甲醛的标本瓶里。

5) 白色标本的制作。把植物的白色部分洗净后放入 1%~4%亚硫酸溶液的标本瓶里保存。如果植物白色部分夹杂有绿色，可先浸泡在 5%硫酸铜溶液里 1~3 d，漂洗后再放入 1%~4%亚硫酸溶液的标本瓶里保存。

6) 无色透明浸渍标本的制作：将标本放入装有 95%乙醇的标本瓶中，直接放在强烈的日光下，并不断更换乙醇，直至植物透明坚硬为止。

在浸泡标本时，药液不可过满，以能浸泡标本为原则。浸泡后用石蜡密封瓶口，以免药液蒸发变干，然后贴上标签 (注明标本的科名、学名、中文名、产地、采集时间与制作人)，浸制标本和腊叶标本是同号标本，可将腊叶标本的采集号注在浸制标本的标签上，以防混乱。浸制标本做好后，应放在阴凉不受日光照射处妥善保存。

二、动物标本的制作

采取物理或化学手段，对动物整体或部分进行制作处理以长期保存动物的全部或某部分的特征，这就是动物标本。根据制作的手段，将动物标本分为剥制标本、骨骼标本、浸制标本、包埋干制标本、昆虫干制标本等，这里介绍最常用的动物整体浸制标本和昆虫干制标本的制作方法。

1. 动物整体浸制标本的制作

用防腐固定液浸泡动物的完整个体就是动物的整体浸制标本。

将采到的完整的动物标本，直接浸泡于体积分数 70%乙醇或 5%~10%甲醛液或二者各半的混合液中，然后用注射器吸取少量 10% 甲醛，套上针头，插入动物的头部、胸部和腹部各注入少量甲醛。然后在标本未固定变硬时，将附肢及其他身体部分按生态摆好，成为自然的姿势，并在附肢或其他位置拴上标签，用黑墨水注明该标本名称、采集时间与采集地。标本浸入保存液后，药液若变为污浊，应随时更换。装标本用的瓶，应在瓶塞处用石蜡密封，以防保存液蒸发。标本要浸 30~90 d，中间换新液 3 或 4 次，直到浸液不再发黄为止。用针穿好白丝线，然后取出标本，在标本的胸部靠近前肢处和腹部靠近后肢处各穿过一条白线，将线缚在玻璃片上，在玻璃片的边缘上打结，尾部也可绑扎一条白线，使整个标本缚扎于玻璃片上，将玻璃片装入已洗刷干净的标本瓶中，再在标本瓶中加入保存液，盖好瓶盖。瓶中的保存液不宜装得过满，液面不能接触瓶盖。取石蜡用毛笔蘸着填入瓶盖与瓶身的缝隙处，直到填平为止，然后，在瓶身贴上标签。浸制标本不宜放在阳光直射的地方，以防瓶口封蜡溶化，浸液挥发。也不宜放置在零度以下的地方保存，防止浸液冰冻，玻璃破裂。在搬动时，不能剧烈震动，保持平直，以免翻倒。

2. 昆虫干制标本的制作方法

昆虫干制标本就是用干燥的方法制成的供长期保存的昆虫标本，主要包括昆虫的采集、制作、保存等步骤，具体的内容见第二部分实验 16。